メルコ学術振興財団研究叢書12

進化する生産管理会計

新井康平 著
ARAI Kohei

THE EVOLUTION OF
OPERATIONS MANAGEMENT ACCOUNTING

中央経済社

本書を，第12代群馬大学長平塚浩士先生に捧げる。

未曾有の困難に対して，誠実さをもって挑む姿勢は，

大学人として正しく模範となり得るものであった。

はじめに

　生産現場における管理会計において，伝統的な原価計算ではなく，工程などの部門単位での損益計算が重要な役割を果たしつつあるのではないか。特にトヨタ生産方式やJIT生産システムなどの，いわゆるリーン生産において，個々の製品原価情報が「在庫を許容する」計算構造ゆえに組織にもたらす経済的な逆機能（副作用のようなもの）が顕在化し始めているのかもしれない。そして，その解決策として，製品単位での原価を計算するのではなく，損益計算を軸とした代替的な管理会計手法が国内外で多発的に提案されている。

　本書では，このような主張を，管理会計の学術的研究を手がかりに探求していく。そのため，本書は，生産管理会計についての自身の研究を主として紹介する研究書というよりは，生産管理会計に関する近年のエビデンスをできる限り統合的に理解し，実践的な示唆を研究者に限らず実務家に提示するという，実務家向けの解説を全面的に取り入れた研究書であることを目指している。実際，「解説はいらない，自分は研究論文が読めれば理解は十分」という実務家の方には本書は不要であろう。国内外の多くの先行研究がWEB上で公開されダウンロードできる昨今では，研究者が執筆する紙媒体の書籍のあり方も変質しているように思われる。もちろん，先行研究の多くは英語で執筆されているし，高度な統計的手法を用いて解析を実施している研究も多いために，ある程度の訓練を受けない限り理解が難しい場合が多い。実務家の方に，忙しい本業の傍らでこのような論文を読んで実務に活かせというのは，研究者のある種の傲慢さが垣間見えてしまうといったら言い過ぎだろうか[1]。そこで本書は，研究者だけではなく，実際に生産管理会計に携わる生産管理

部門や原価管理部門の実務家の方も通読可能な書籍を目指している。もちろん，すべての専門用語の解説などを実施することは読みやすさの点から現実的ではないため，本書は，日商簿記検定2級の工業簿記の知識を前提としたものとなっている。

　学術的なエビデンスを紹介し解説するという本書は，次のような点に注意している。まず，方法論的に妥当な先行研究を取り上げるように配慮した。これは，管理会計の規範的な議論において，一部，主張の妥当性を判断できない研究がみられたための措置である。取り上げる研究の多くが，統計的にせよ，定性的にせよ，あるいは歴史的にせよ，現実の生産現場などを対象として実施された研究（あるいはそれらの二次的な研究）を主としている。また，取り上げた論文については，研究方法論の解説などは最小限におさえ，研究の対象となったサンプルや，エビデンスそのものの説明，そしてエビデンスの妥当性について解説するように努めている。これは，研究者だけではない読者を想定し，読みやすさを優先したための措置である。

　このように，先行研究の主張に基づいた議論に努めてはいるが，必要に応じて筆者自身が行った次の2つの調査から，データの再分析を実施して追加的なエビデンスを紹介している。調査の1つ目は，筆者の博士論文である新井康平(2009)『生産管理会計の実証的研究』[2]である。この

1　実務家が研究論文をどの程度実務に活かしているのかについては，神戸大学の服部泰宏との共同研究を参照されたい（新井康平・服部泰宏（2014）「経営学に関する宣言的知識：普及状況の実態調査」『日本情報経営学会誌』34(2)：40-50）。新井・服部（2014）では，実務家の論文購読実態や学術用語の理解を調査し，「本研究のサンプルに関する限り，経営学はほとんど普及していない」(p.47) と結論付けている。

2　http://www.lib.kobe-u.ac.jp/infolib/meta_pub/G0000003kernel_D1004564 で公開されている。

調査では，当時の筆者が神戸大学大学院経営学研究科に在籍していたことなどから，阪神工業地帯に属する明石市，神戸市，芦屋市，尼崎市の工場を対象とした郵送質問票調査を実施し，工場がどのように原価情報や利益情報を選択しているのかについて分析を行っている。このデータを「阪神データ」と呼称しよう。2つ目は，群馬経済研究所と共同で実施された調査である。その主たる分析の結果は，現在，ワーキングペーパーとして公開されている（Arai, K., (2019) Lean Manufacturing and Performance Measures : Evidence from Japanese Factories. SSRN id : 3471020[3]）。この調査では，当時の筆者が群馬大学社会情報学部に在籍していたことから，群馬県内の工場を対象として郵送質問票調査を実施し，リーン生産下における管理会計の実態について検証を行っている。このデータを「群馬データ」と呼称しよう。本書の議論をすすめる際には，適宜，これら調査のデータの再分析結果を提示することで，日本企業の実態についてさらなる理解を深めることを目指す。阪神データと群馬データの詳細は巻末図表補－1～8に掲載している。なお，本書が筆者の博士論文以降の研究の集大成という性質があることからも，本文のいくつかの箇所は自身の博士論文を利用していることも付言しておく。

本書の執筆方法についての注意

　本書の性格上，研究論文とは異なり，引用文献については本文中や脚注に直接明示することをこころがけている。その際は読みやすさの点から出典をゴシック体で表記し，同一章内で繰り返し引用される場合，一

3　http://dx.doi.org/10.2139/ssrn.3471020 で公開されている。なお，査読の都合などで SSRN から取り下げられた場合，筆者の web サイトで公開する予定である（https://sites, google.com/view/arailab）。

般的な社会科学の論文と同様に姓と出版年数でその引用文献を表している。近年のビジネス書籍がカタカナで雑誌名および翻訳論文題名を提示することも多いため[4]，そのような表記を用いている。また，同様の理由で，現在（不明な場合は執筆時点）での筆者の所属などを明記したうえでの引用を行う。そして，そのような場合でも一律に敬称は省略している。

4　例えば，入山章栄（2019）『世界標準の経営理論』ダイヤモンド社，などが該当する。

目　　次

序　論

　2020年現在，特にリーン生産と呼ばれる生産システムにおいては，製品1個当たりの原価情報（以下，単に製品原価情報と略す）に基づく生産管理は，様々な問題を招くことになった。これが本書の最も重要な主張である。

　もちろん，この結論は原価計算不要論ではない。大いに違うといってよい。本書の議論は，生産管理の諸活動のうち，特に作業そのものや作業を行う工具のコントロール（以下，タスク・コントロールと称する）という観点からのみ，個別の製品原価情報が逆機能的な振る舞いをすると主張するものである。製品原価情報をもとに，工程の機械の投資額を決定したり，販売価格の決定をしたり，あるいは製品の設計をしたりする，いわゆる「意思決定支援目的」には製品原価情報はこれまでも，そして，これからも有用だろう。

　しかしながら，タスク・コントロールの観点からは，伝統的な原価計算システムに限らず，近年に開発された新しい原価計算システムであっても，逆機能的な帰結をもたらすと考えられる。本書では，この主張を

次のような構成で議論する。

1　本書の内容と構成

　なぜ製品原価情報を利用したタスク・コントロールは，無視できない逆機能を有するのだろうか。それは，在庫や仕掛品を「つくり過ぎのムダ」として忌避するリーン生産では，特に次の2点が問題となるからだ。

1. 標準原価を達成しようとした場合，市場の需要量ではなく，最大効率での生産可能量が生産目標となってしまう。これでは，場合によっては需要量を超過し，つくり過ぎのムダを生む原因となるし，さらには，最大効率と考えられている「100％の操業度」は「混雑のコスト」という追加的なコストが発生するため，経営上，望ましくない。

2. 多くの企業で採用されている原価計算は，①固定間接費を製品別に配分する手続きである「配賦」が行われる，②売れ残った製品は損失ではなく資産として認識する，という2つの手続きがとられる。これは，原価計算上，売れないとわかっている製品をあえて生産すると，仕掛品や完成品にも固定間接費が配賦され，売れた製品へ配賦される金額が減少する。そして財務諸表上は，売れ残った製品は貸借対照表の棚卸資産へ計上されるため，売れ残るとわかって製品を生産した場合のほうが売上原価は減少してしまい，結果として一時的に営業利益が増加する，という帰結をもたらす。

　この2点から，製品原価情報によるタスク・コントロールが，ムダの
ない生産を至上命題とするリーン生産とは相容れないことは明らかであ
ろう。本書においては，関連する学術的なエビデンスを確認することで，
これら問題点を実証的に確認していく。具体的には，本章の後半では生
産システムの発展段階を概観し，リーン生産の特徴を確認する。続く第
2章では，標準原価計算の発展経緯や機能を概観し，大量生産システム
下で伝統的な製品原価情報を用いた原価計算が適合的であった理由を確
認する。
　それでは，先述の不適合に対して，実務家や管理会計研究者はどのよ
うな対応を進めたのだろうか。大まかには，次の3点の方向性が存在し
た。

1．間接費の配賦計算を精緻化する。例えば，活動基準原価計算
　（Activity-Based Costing：ABC）の開発や，さらに計算を複雑化
　した資源消費会計（Resource Consumption Accounting：RCA）の
　開発，そしてドライバーを時間に統一し導入を簡素化した時間主
　導型活動基準原価計算（Time-Driven Activity-Based Costing：
　TDABC）の開発などである。

2．製品原価情報ではなく，品質や納期といった非財務情報によるタ
　スク・コントロールを行う。例えば，QC7つ道具やTQMの導入
　は工程レベルで品質情報の利用を促進したし，トヨタ生産方式に
　おける「カンバン」の利用は工程レベルで納期情報の利用を促進
　した。

3．製品原価情報ではなく，工程などの工場の下位の部門を単位とし

た損益計算を行う。例えば，京セラで開発された「アメーバ経営」ではアメーバと呼ばれる部門別採算制度が採用されているし，欧米で普及が進んでいる「リーン会計」においても価値流列（Value-Stream）と呼ばれる単位ごとに損益計算書の作成が推奨されている。

　なお，1.の間接費配賦の精緻化は，リーン生産の登場というよりはさらに広い，いわゆる「レレバンス・ロスト」という問題に起因した対応である。ただし，生産管理会計の展開を考えるうえで重要な論点であるため，本書の第3章でその内容を概観する。これは，レレバンス・ロストに対応するための間接費配賦の精緻化という努力が，タスク・コントロールの面からは，実はほとんど関連がなかったという確認ともなる。もちろん，間接費配賦の精緻化は，コントロールではなく，意思決定の質を高めるという意味で，大いに有用ではあったかもしれない。

　第4章では，財務情報から非財務情報にタスク・コントロールの重点が移動していった段階を概観する。ただし，日本企業においては，そもそも財務情報によるコントロールよりも非財務情報によるコントロールが中心だったきらいがある。そのため，第4章では，特に製品原価情報でのコントロールが中心的であった欧米のエビデンスが多く取り上げられることになる。

　第5章では，製品原価情報ではなく工場の下位の部門別に損益計算を行うことで，リーン生産と適合したタスク・コントロールを行おうとした各種の取組みを概観する。これは，研究の初期には「マイクロ・プロフィットセンター（microprofit center：MPC）」として概念化されたものである。このMPCでは，京セラのアメーバ経営が代表格として研究対象となった。第5章ではこれらの生産管理会計手法のエビデンスを確認し

ていく。

　第6章では，視点を変えて，製品原価情報が逆機能的な帰結をもたら
す点について，より広範な実証的な会計研究の知見を確認する。第5章
までは，事例や特定のサンプルでのエビデンスを解説してきたが，第6
章ではさらに企業レベルのサンプルで，製品原価情報がもたらす問題点
についてのより広範なエビデンスを概観することになる。

　第7章では，財務情報と非財務情報を統合したマネジメントのフレー
ムワークであるボックス・スコアをはじめとする，一連の「リーン会計」
のフレームワークを紹介する。というのも，このリーン会計は，リーン
生産下でのタスク・コントロールの仕組みとしては，学術的なエビデン
スによって支持されているほぼ唯一のものだからである。

　第8章では，結論としてこれまでの議論をもう一度確認し，特に実務
家向けの実践的インプリケーションと，研究者向けのさらなる研究の方
向性を示すこととする。

2　「生産管理会計」とは？

　すでに本書では繰り返し登場しているし,書籍名にも含まれている「生
産管理会計」について追加的な解説をしておこう。この生産管理会計と
いう言葉が大々的に登場したのは，1998年に出版された実務誌『企業会
計』の特集号「日本企業の経営管理会計：原価削減から利益捻出へ」で
あろう。この特集は，早稲田大学名誉教授の西澤脩によって企画され，
日本企業における管理会計の重点が移動している実態を様々な研究者が
解説する，というものであった[5]。この特集では，管理会計の領域を「全

---

[5]　西澤脩(1998)「転換を迫られる日本企業の経営管理会計」『企業会計』50(2)：
　　220-223。

社管理会計」,「生産管理会計」,「流通管理会計」,「会計情報管理会計」に分割して議論が行われた。特集の生産管理会計の部では，原価企画，スループット会計，活動基準原価計算，品質原価計算，海外生産の管理会計が論じられた。

　この時期，生産管理会計という言葉が誕生した背景には，管理会計の専らの対象が生産以外に拡大したという経緯があると推測される。つまり，前世紀においては管理会計の対象は製造業が中心であったが，21世紀への変わり目の前後で，流通や非営利組織にまで管理会計の対象が拡大したといえる。そこで，伝統的な研究対象である生産における管理会計を，生産管理会計と呼称するに至ったと推察される[6]。本書でも，このような経緯を踏まえて，製造現場で利用される管理会計について生産管理会計と呼ぶこととする。

6　生産管理会計という名称については，成蹊大学の伊藤克容は，「工場における管理会計に対しては，生産管理会計という名称を付けられることは通常はない」（伊藤克容（2019）『組織を創るマネジメント・コントロール』中央経済社，p.164）とし，この理由として管理会計が生産職能におけるコントロール問題に多くの資源を割いてきたという経緯があることを説明している。また，専修大学名誉教授の櫻井通晴は，生産管理会計とは，管理会計の領域による区分であるとし，他に販売管理会計や財務管理会計などを列挙している（櫻井通晴（2014）「現代の管理会計にはいかなる体系が用いられるべきか：マネジメント・コントロール・システムを中心に」『Business Review of the Senshu University』99：9 -34）。そして，早稲田大学の清水孝は，生産管理会計を機能別管理会計の1つと位置付け，他に研究開発管理会計，マーケティング管理会計，物流管理会計などを列挙している（清水孝（2000）「企業間原価管理の意義と領域」『早稲田商学』384：75-97）。教科書としては，1998年に初版が出版された，桃山学院大学の浅田孝幸ほか4名による教科書の第11章において「生産管理会計」という名称が用いられた（浅田孝幸ほか（1998）『管理会計・入門（初版）』有斐閣）。

3　リーン生産に至るまでの生産システムの進化

　世界の大学や大学院レベルの経営学専攻で利用される生産管理の教科書の1つに，オハイオ州立大学のリー・J・クライエフスキーらが執筆した『オペレーションズ・マネジメント』[7]がある。この教科書において，生産システムの進化における重要な転換点が6点紹介されている (p.24)。

　まず1つ目の転換点は，素朴な職人によるクラフト生産からの転換であり，1785年にジェームス・ワットによって蒸気機関が発見されたことを挙げている。これは，生産システムそのものの革新というよりは，鉄道の整備によって材料などの財の移動が活発になったことが重要だという。

　2つ目の転換点は，1794年にイーライ・ホイットニーによって綿繰り機が発見されたことを挙げている。綿繰り機とは，木綿から収穫した綿花の種をとる作業を大幅に効率化した機械である。ホイットニーは，機械作業についての革新を行い，互換性部品の概念を導入したという。なお，クライエフスキーらは指摘していないが，互換性部品については，ホイットニーのもう1つの発明であるマスケット銃における互換性部品の開発と関連付けられることも多い。いずれにせよ，ホイットニーによる互換性部品の導入は，蒸気機関と組み合わせることで機械作業を普及させ，産業革命の基礎となった。

　また，クライエフスキーらは指摘していないが，2つ目の転換点の生産管理会計との関連では，アメリカにおける産業革命の動向も重要だろ

7　Krajewski, L.J., Malhotra, M.K., and Ritzman, L.P. (2016) *Operations Management : Processes and Supply Chains*, 11th ed. Pearson.

う。イングランドに遅れること60年程度，19世紀前半のアメリカにおいても産業革命が起こり，初期にはサミュエル・スレーターによる家族全体を雇用するという特徴を持つ「ロードアイランド・システム」，そしてそれを大規模化・工場化したフランシス・カボット・ローウェルのボストン製造会社で実施された「ウォルサム・システム」，ホイットニーの互換性部品を多用な業種に拡大した「アメリカン・システム」などの代表的な生産形態が次々と出現した[8]。

　3つ目の転換点は，1911年にフレデリック・ウインズロー・テイラーが発展させた科学的管理法である。すでにチャールズ・バベッジなどによりその基礎は19世紀にはでき上がっていたとされるが，テイラーは科学的管理法に関する著書を執筆するなどし，近代的な生産管理のブレークスルーとなった。この科学的管理法は，原価計算の発展，特に標準原価計算が普及するうえでの基礎的な考え方であり，本書においても重要である。この点は，次章で詳細に検討する。

　4つ目の転換点は，1909年より開始されたヘンリー・フォードによるT型フォードの大量生産である。生産ラインが導入され，大量生産の時代の幕開けとなったT型フォードは，自動車のような複雑な製品であっても大量生産を行うことで購買可能な価格での販売が可能であることを示した。

　5つ目の転換点は，1930年代にアルフレッド・プリチャード・スローン・ジュニアが，ゼネラル・モータース社で多様な車種を普及させよう

8　次の文献を参照した。Hounshell, D.A. (1984) *From the American System to Mass Production : 1800-1932*, Johns Hopkins University Press.（和田一夫・金井光太郎・藤原道夫訳（1988）『アメリカン・システムから大量生産へ1800-1932』名古屋大学出版会），安倍悦夫・嘉永欣三郎・山口一臣（2002）『ケースブックアメリカ経営史』有斐閣。

と試みたことである。多品種生産が開始され、単一製品の大量生産とは一線を画す生産システムが誕生することとなった。

そして、最後の6つ目の転換点は、当時トヨタ自動車の副社長であった大野耐一が1978年にトヨタ生産方式を紹介した書籍[9]を出版したことである。この、組織からムダを取り除こうとするシステムは、リーン生産として概念化された。

この6つの転換点は、次のように解釈できる。まず、転換点①～③は、大量生産以降の生産システムの基礎である。転換点①は鉄道輸送によるサプライチェーンの形成、転換点②は部品の標準化、そして転換点③は作業の標準化をもたらした。これらが整備されることで、転換点④の少品種大量生産、転換点⑤の多品種生産、転換点⑥のリーン生産の発展が可能になったといえる。これらの関係を図示すると、次の図表1－1のとおりとなる。ポイントは、現在の生産システムがすべてリーン生産であるというわけではなく、伝統的な職人によるクラフト生産からリーン生産まで、少なくとも4つのタイプの生産システムが併存するという理解だろう。

歴史的には、フォードによる大量生産以前の工場制手工業においては、財務情報が重要な役割を果たしていた。例えば、初期のウォルサム・システムにおいてさえ、原価諸勘定が採用され、生産管理会計が実施されていたという[10]。また、鉄鋼王といわれたアンドリュー・カーネギーは、カーネギー・スティール社の工場管理を緻密な原価計算によっていたという[11]。しかしながら、本書の関心は、大量生産以降の工場、特にリーン生産下での生産管理会計の適合性にある。そこで、次節以降で、工場制

9　大野耐一（1978）『トヨタ生産方式：脱規模の経営をめざして』ダイヤモンド社。

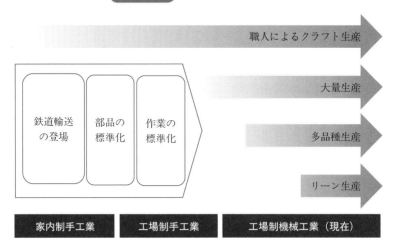

図表1－1 生産システムの展開

職人によるクラフト生産

大量生産

多品種生産

リーン生産

鉄道輸送の登場　部品の標準化　作業の標準化

家内制手工業　　工場制手工業　　工場制機械工業（現在）

機械工業を代表する伝統的な大量生産の概要と問題点を簡単に確認しよう。

4　伝統的な大量生産システムとは何か？

ここでは，生産システムの革新において4つ目の重要な出来事といえ

10　次の文献を参照した。Johnson, H.T. (1986) *A New Approach to Management Accounting History*, Garland Publishing, Inc.。Johnson, H., T. and Kaplan, R.S. (1987) *Relevance Lost : The Rise and Fall of Management Accounting*, Harvard Business School Press.（鳥居宏史訳（1992）『レレバンス・ロスト：管理会計の盛衰』白桃書房）。上總康行（1989）『アメリカ管理会計史（上巻）：萌芽期－生成期』同文舘。

11　次の文献を参照した。Blackford, M.G., and Kerr, K.A. (1986) *Business Enterprise in American History*, Houghton Mifflin.（川辺信雄監訳（1988）『アメリカ経営史』ミネルヴァ書房）。米倉誠一郎（1999）『経営革命の構造』岩波新書。

る，伝統的な大量生産システムを取り上げる。伝統的な大量生産とは，思想的側面ではテイラーの科学的管理法を基礎として，フォードによってはじめて実践された生産システムである[12]。具体的には，1910年代に本格化したフォード社のＴ型モデルを起源としている生産システムである。

大量生産は，互換性部品に特徴を持つアメリカン・システムの影響などを受けつつ発展したが，その思想的基盤はテイラーによる科学的管理法に求めることができる（Hounshell, 1984）。具体的には，1913年に起きた労働問題を機会に，事実上のテイラーシステム，科学的管理法に接近した[13]。

伝統的大量生産の思想的な起源である科学的管理法について，テイラー自身の著書や生産管理の教科書からその要点を簡単にまとめておこう[14]。ここでの科学的管理法は，19世紀後半にアメリカで起きた能率増進運動（efficiency movement）の中で形成されたものである。つまり，科学的管理法の目的は能率の増進にほかならなかった。テイラーは，労働者の気まぐれや成り行きによることなく，科学的な基準をもって労働者を管理しようとした。彼の科学的管理法は体系的な管理法であり，労働者側がそれまで有していた計画や統制といった機能を管理者側へ移転する

12　次の文献を参照した。Hounshell（1984）および宗像正幸（2000）「現代生産システムの理論的課題」宗像正幸・坂本清・貫隆夫編『現代生産システム論：再構築への新展開』ミネルヴァ書房：15-34。

13　次の文献を参照した。藤本隆宏（2001）『生産マネジメント入門Ⅰ：生産システム編』日本経済新聞社。

14　次の文献を参照した。Taylor, F.W. (1911) *Principles of Scientific Management and Shop Management*, Harper and Row.（上野陽一訳（1969）『科学的管理法』産業能率短期大学）。金房広幸（2000）「生産システムの史的展開」宗像正幸・坂本清・貫隆夫編『現代生産システム論：再構築への新展開』ミネルヴァ書房：35-56。藤本（2001）。

ものだった。具体的には，課業の最適な遂行のための動作を追求したり（動作研究），その動作にかかる時間を測定した(時間研究)。これらの測定値は，管理者側からも労働者側からも独立したものであり，これをもって管理法は「科学的」とされる。とにかく，いったん恣意性を排除した基準が決まれば，それをもとに統制活動が行われることになる。この体系的管理の下では，職長から管理の権限を剥奪し，スタッフ組織である計画・統制職能が出現した。結局，テイラーシステムは課業の最適遂行のための作業の細分化と，それを支えるための計画と実行の分離を組織にもたらした[15]。

　そして，大量生産は，おそらくはテイラーの考え方に強く影響を受けたフォードによって実現した。20世紀を「マネジメントの世紀」と定義したスチュアート・クレイナーによれば，1909年から1910年にかけて操業を開始したとされるミシガン州のハイランド・パーク工場は，1927年までに1,500万台ものT型車を製造したという[16]。「フォードは間違いなく偉大な大量生産の代表的人物ではあるが，彼が使用したシステムの起源は長く，古くにまでさかのぼる」ことができるという（邦訳 p.28）。しかし，様々なそれ以前の生産システムの流れを汲みつつもハイランド・パークで実施された流れ作業の組み立てラインによる生産は，大量生産システムのさきがけとなったといえる。

　フォードによる大量生産システムの技術的特徴は，以下のようなもの

15　次の文献を参照した。鈴木良始（2000）「アメリカ大量生産システムの成熟と変容」宗像正幸・坂本清・貫隆夫（編）『現代生産システム論：再構築への新展開』ミネルヴァ書房：59-81。

16　Crainer, S. (2000) *The Management Century*, Booz, Allen and Hamilton Inc.（岸本義之・黒岩健一郎訳，嶋口充輝監訳（2000）『マネジメントの世紀：1901-2000』東洋経済新報社）

である[17]。つまり，専用工作機械を中心とした部品加工工程の品種別ライン配置と，組立工程のライン配置との機械的搬送手段による連結（移動組み立て式ライン）である。フォード社のハイランド・パーク工場では，部品加工部門は品種別加工ラインとなり，工作機械も汎用機中心から単能・専用機械へ代わっていった。結果的に，Ｔ型フォードの値段は劇的に低下し，「大量生産＝大量消費社会」，いわゆるモダンタイムスを出現させることになる。

　また，生産管理の国内における標準的な教科書である藤本（2001）によれば，大量生産の要件は以下の 4 点にまとめることができる。

　　1 ）互換性コンセプトの確立
　　2 ）社内モデル間の部品共有化
　　3 ）モデルチェンジ
　　4 ）部品の標準化（専門部品企業の発達）

　1 ）の要件は，ある製品内で同一部品の交換が可能な状態を指す。 2 ）と 3 ）の要件は，モデル間・世代間での部品の共有化である。 4 ）の要件は，特定の企業に関係特殊的ではない汎用部品の登場である。いずれも部品の性質の問題であり，このような部品の登場なくして大量生産システムは実現しなかったという。実際，これらの要件を満たした最初の大量生産システムはフォードの生産システムだった（藤本，2001，p.68）。

　以上，大量生産システムの概略をみた。このような生産システムの下で作業者は，科学的に設定された標準を用いて標準と実績の差異に基づき評価されるという体系的な課業管理によって管理されていた。後に第

　17　Hounshell（1984）および鈴木（2000）に従った議論である。

2章でみるように，これは標準原価計算に基づく管理手法と思想的には同一のものである。つまり，大量生産の下で，具体的なタスク・コントロールの1つの手段として伝統的な生産管理会計は普及していくことになる。

5　多品種生産の考え方

　クライエフスキーらの著書のような一部の生産管理の教科書などでは，フォードが完成させた大量生産と，トヨタ生産方式のようなリーン生産の間に，GM（General Motors Company）のスローンによって導入された多品種生産を想定する場合がある。ただ，この多品種生産は，フォードの大量生産の発展型であった。1980年代に日米の生産システムについて多角的検討を行い，「リーン生産」という言葉を定義し普及させたマサチューセッツ工科大学のジェームズ・P・ウォマックらの著書『リーン生産方式が，世界の自動車産業をこう変える。』によると，「現在では「大量生産」という場合，フォードが先鞭をつけ，スローンが完成させたシステムを指す」と述べている（Womack, et al.，1990，邦訳 p.55）[18]。スローンが実施したことは，大量生産方式を実行に移す上で欠かせない多数の事業体を巧みに動かすことと，製品を洗練させ多様な需要に対応しようとしたことである（Womack, et al. 1990）。これは，単一の製品での大量生産を志向したフォードに対して，スローンが多品種での大量生産を，工場に限らない革新を行うことで達成したと言い換えてもよいかもしれ

18　Womack, J.P., Roos, D., and Jones, D. (1990) *The Machine That Changed the World*, Perennial.（沢田博訳（1990）『リーン生産方式が，世界の自動車産業をこう変える。』経済界）

ない。

　以下では，ウォマックらによる議論を参照し，GMが完成させた大量
生産である多品種生産の概要を確認しよう。まず，大量生産に見合う組
織については，権限移譲した組織である分権化による対応が行われたと
いう[19]。GMにおいては，5つの自動車事業部門，ジェネレーター，ステ
アリング・ギア，キャブレーターなどのコンポーネント製造事業部門に
よって，販売実績，市場占有率，在庫，損益などの本社への報告が頻繁
に実施された（邦訳p.56）。いわゆる分権的組織の管理会計システムによ
る管理が実施されたといえるだろう。

　また，単一車種では満足しない，幅広い顧客層を満足させるため，価
格帯別にシボレーからキャデラックまでの5つの製品ラインを打ち出し
たという。これにより，あらゆる所得層の潜在顧客への対応が可能に
なった（邦訳p.56）。ただし，生産コストを引き下げるためには標準化を
進める必要があるし，幅広い需要に応えるためにはモデルの多様性が求
められる。スローンは，ポンプやジェネレーターなどのメカニカルな部
分をすべての車種で標準化し，クラッチやエアコンなどは変わらなくて
も，外見をモデルチェンジした車種を生産し続けたという（邦訳p.57）。
これらの対策により多品種を生産するための大量生産はシステムとして
完成を迎えたといえるだろう。なお，生産管理の標準的な教科書である
藤本（2001）では，両者の相違を次の図表1－2のようにまとめている。

19　なお，ここでの分権化は，現場レベルへの分業ではなく，事業部制の設計と
　　いう意味合いであろう。GMによる分業化の詳細は，Chandler, A.D., Jr. (1962)
　　Strategy and Structure, Massachusetts Institute of Technology.（有賀裕子訳
　　(2004)『組織は戦略に従う』ダイヤモンド社）が参考になる。

	初期のフォードシステム （T 型フォード時代）	GM のスローン方式 （フレキシブル大量生産システム）
マイナーチェンジ対応力	あり（T 型の車台を変えずに車体や部品技術を更新）	あり（車台を変えずに毎年のモデルチェンジ）
メジャーチェンジ対応力	低い（T 型から A 型への切り替えに 1 年近くかかった）	やや高い（4 気筒エンジンから 6 気筒への切り替えを 2 週間で）
工作機械	専用機（T 型車専用）	汎用性あり
工程のレイアウト	製品別（機械を極端に密集配置）	製品別（フォードと基本的に同じ）
垂直統合度	極端な垂直統合 （リバールージュ工場）	部品外注比率は相対的には高い
製品開発能力	やや弱い。過去のデータに依存しすぎ。パイロット生産を省略して初期生産で混乱。	比較的強い。デザイン部門を強化。計画的モデルチェンジによる製品改良に対する体制が整っている。

出典：藤本（2001）p.57　表3.2「初期のフォードシステムと GM システム（フレキシブル大量生産）の比較」より。

6　伝統的大量生産システムの問題の顕在化とリーン生産システムの登場

　伝統的な大量生産システムが抱えた問題点が1970年代ごろから顕在化し，アメリカ製造業は「組織的な麻痺（organizational paralysis）」の状態となった（Crainer, 2000）。実際の大量生産システムが抱える問題点は1960年代には明らかだったが（鈴木，2000），基本的な問題点は生産性の硬直である（宗像，2000）。

　1975年以降には，「モノづくりのあり方，生産システム，生産体制の編

成原理自体の特性を直接対象とする議論が時を追って産業界においても，学界においても国際的に盛んになり，『産業・製造のルネッサンス』と呼ばれるようになった」（宗像，2000，p.20）。ここではまず，伝統的な大量生産システムの問題点としての「生産性のジレンマ（productivity dilemma）」について整理を行う。そして，伝統的な大量生産システムとは異なる新しい生産システムの特徴を整理する。

　ハーバード大学のビジネススクールの教授であったウイリアム・J・アバナシーが提唱した「生産性のジレンマ」は，生産性とイノベーションにトレードオフ関係があり，生産性の極端な追及はイノベーションを追いやってしまうというものである[20]。実際，自動車産業が生産性を追い求めて伝統的大量生産システムを推進してから1970年代までの間，革新的な製品のイノベーションは，1930年代のオート・トランスミッション以降起きていないという。またアバナシーは，生産性の追求がイノベーションだけでなく様々な要素とトレードオフであると主張した。具体的には，生産ライン特性，生産能力，管理組織といった要素である。

20　次の2冊が，アバナシー自身の解説である。Abernathy, W.J. (1978) *Productivity Dilemma*, The Johns Hopkins University Press., Abernathy, W.J., Clark, K.B., and Kantrow, A.M. (1983) *Industrial Renaissance*, Basic Book, Inc. （日本興業銀行産業調査部訳 (1984)『インダストリアル・ルネサンス：脱成熟化時代へ』TBSブリタニカ）。藤本 (2001) によれば，「生産性のジレンマ」は製品・工程ライフサイクル説から導かれる重要な仮説であるという。製品・工程ライフサイクル説とは，「ある製品（例えば自動車やそのエンジン）とその生産工程の誕生から成熟化までの技術発展史に，一定のパターンが当てはまる」(p.58) という学説である。この説に従えば製品と工程は，「製品革新期」，ドミナントデザインの誕生による「工程革新期」，最後の「標準化期」という非可逆なライフサイクルを辿るという。生産性のジレンマは，標準化期において「工程は特定の製品モデルに特化し，その結果，学習効果の累積などにより生産性を高めるが，同時に製品設計の変化に対するフレキシビリティ（柔軟性）を失ってしまう」(p.61) ことを意味する。

いずれにせよ，伝統的な大量生産システムの下での工場の専門性の高度化，投資の高額化は，製品設計変更に伴う償却負担を増加させることになり，鈴木（2000）によると以下の2つの傾向を促進させた。1つ目は，生産量確保の至上命題はいくつかの犠牲を伴って達成されるようになった，という傾向である。犠牲になったのは製品品質や作業意欲など様々なものだった。2つ目は，製品設計の硬直化である。これは，部品の世代間・モデル間の極端な共有である。先に引用した藤本（2001）の大量生産の要件が，極端なまでに追求された結果ともいえる。

　つまり，伝統的大量生産システムは，そのシステム設計上，生産性を追及する際にいくつかのジレンマが存在するということだ。このジレンマは，多くのアメリカ企業がそうしたように無視されてしまうか，あるいは新しい生産システムの要請を企業に意識させた。このような自動車産業の伝統的な大量生産システムのジレンマは，1960年代以降のアメリカの自動車消費者市場の輸入車選好として顕在化した。ここに至って，産業界と学界は大量生産システムの再検討を始めることになる。

　そして，「近年アメリカの産業面でのパフォーマンスがさえない主因は，多くの伝統を背負った製造業が新たに当面している厄介な一連の競争の実情に適合できなかったことにある」という指摘から始まるアバナシーらの『インダストリアル・ルネサンス』は，アメリカ製造業の復活へ向けた議論のさきがけとなった（Abernathy et al., 1983）。その処方箋として，いくつかの学説が提案されたが[21]，21世紀に至りもっともらしいと考えられている説が，リーン生産説である。

21　詳細は，藤本（2001）の第3章第6節の議論を参照されたい。「累積進化説」や「パラダイムシフト説」などが紹介されている。なお，当時のリーン生産説についても，「やや一方的な日本企業礼賛」である（p.86）などの問題点の指摘もなされており，あわせて参照されたい。

　藤本（2001）によると，アメリカの MIT が中心となって組織した「国際自動車研究プログラム（International　Motor　Vehicle　Program：IMVP）」は，自動車産業の国際競争力の大規模な共同研究の成果を「日本初のリーン生産方式に学べ」と結論付けたという（p.85）。この IMVP 報告書こそが，すでに紹介したウォマックらによる『リーン生産方式が，世界の自動車産業をこう変える。』である（Womack et al., 1990）。ウォマックらは，大量生産とリーン生産を全く別のものであると主張し，「ジャスト・イン・タイム方式」，「かんばんシステム」，「全社的品質管理」などのコンセプトを紹介した。なお，この報告書は「世界中で読まれるベストセラー」であり，大きな影響力を持つことになったという（藤本，2001，p.86）。

　リーン生産の特徴については第 4 章で詳細に議論することになるが，フォードやスローンが確立した大量生産とリーン生産の違いを需要の視点から簡単にまとめておこう。大量生産は，生産量 ＜ 需要量となる市場において，とにかく生産効率を追求した結果として出現したといえる。対して，生産量 ＞ 需要量となる場合もある不確実な市場においては，大量生産は生産量の増減についてのフレキシビリティを喪失してしまう。そこで，品質や納期などを守りつつフレキシブルに需要に対応できるリーン生産が優位に立ってきたとも言い換えることができるだろう。

　そのリーン生産の特徴として，IMVP の報告書にせよ，大野耐一がトヨタ生産方式について記した書籍にせよ，管理会計や原価計算に関する言及がほとんどみられないことこそが，生産管理会計を考えるうえで重要である。つまり，リーン生産に関する初期の研究においては，タスク・コントロールによる生産管理会計はほとんど利用されていない可能性が示唆されているのである。この点は，少なくともアメリカにおいて，なぜ大量生産では原価計算がタスク・コントロールの中心となったのかを

理解したうえで，検討する必要があるだろう。そこで次章では，大量生産以前のアメリカ産業革命期から始まる，標準原価計算を中心とした生産管理会計について検討しよう。

標準原価計算によるコントロール

　第2章では，次の2点についての歴史的なエビデンスを確認する。1つ目は，アメリカにおいて，大量生産が登場する以前から生産管理において製品原価情報，特に標準原価計算が提供する情報は生産管理の中心であった，という点である。本書は，日本企業の実務家を想定しているため，この点については丁寧に解説を行う。2つ目は，テイラーの科学的管理法が導入された際に，日本においては標準原価計算と生産管理が切り離されて理解されたため，標準原価計算による管理は現場のタスク・コントロールというよりは，予算管理の一環として利用されていた可能性がある，という点である。

1　発生論と機能論

　さて，本章以降の第4章に至るまでは，様々な歴史的なエビデンスを確認することになる。その際，「発生論」と「機能論」を区別して議論することが必要となる。

先の IMVP プログラムへの日本からの参加者の 1 人であり，JIT 生産システムについての発生・進化を研究した東京大学教授の藤本隆宏は，その著書『生産システムの進化論』[22]において，この「発生論」と「機能論」という 2 つの異なるパースペクティブを明確に区分したうえで分析を行った（藤本，1997）。そこでは，発生論とは「ある先行構造が，新しい構造（システム）に変異する過程を説明するロジック」であり，機能論とは「システム存続のロジック」であるとする。なぜこの分類が重要であるかといえば，コロンビア大学の教授であり 20 世紀を代表する社会学者であるロバート・キング・マートンが強調しているように，「機能は構造（システム）の結果であって動機ではない」からである（藤本，1997）。つまり，「1 つの事実が何にとって有益であるかを明らかにしても，この事実がいかにして発現し，またいかにして現在のように存在するのかを説明したことにはならない」ので[23]，発生論と機能論という分析上の異なる視点が必要になるという。

　また，この機能論と発生論という 2 つの視点に立った分析は，管理会計研究でも有効な分析フレームワークであることが一橋大学教授である挽文子によって示された。挽による『管理会計の進化』[24]は，事後的合理性を持つ花王株式会社と京セラ株式会社の管理会計システムについて，環境制約，事前合理性，事後合理性，企業理念，経営哲学および組織風土・文化の観点から，その進化の過程を分析した研究であり，花王や京セラの管理会計システムの発展を議論している（挽，2007）。いずれにせ

22　藤本隆宏（1997）『生産システムの進化論：トヨタ自動車にみる組織能力と
　　創発プロセス』有斐閣。
23　これは，社会学の創始者とみなされるエミール・デュルケムの著書からのも
　　のである。Durkheim, E. (1895) *Les Regles De La Method Sociologique.*（佐々木
　　交賢訳（1979）『社会学的方法の規準』学文社）の邦訳 p.125 を参照されたい。
24　挽文子（2007）『管理会計の進化：日本企業にみる進化の過程』森山書店。

よ，この機能論と発生論というパースペクティブは，生産管理に限らず管理会計においても有効な分析フレームワークであるといえる。

なお，一般的に実証的なエビデンスと呼べば，後者の「機能論」についてのものを指す。本書においても様々なシステムの持つ機能・逆機能についてのエビデンスを整理し，それらの「正味の差引勘定」[25]として有用性を検討することになる[26]。しかし，機能論と発生論は補完的な関係にあるので，次節以降のレビューにおいては機能論的な分析に軸足をおきつつも，適宜，発生論的な歴史分析を行う。

ここで，マートンの著書の翻訳書である『マートン社会理論と機能分析』に基づいて「機能」と「逆機能」についての意味を整理しておこう（Merton, 1968）。機能とは，一定の体系の適応ないし調整を促す観察結果である。また，逆機能とは，この体系の適応ないし調整を減ずる観察結果である。そして，「どのようなばあいであれ，一つの項目は機能的結果と同時に逆機能的結果をもつので，総結果の正味の差引勘定を秤量する」必要がある（Merton, 1968, 邦訳 p.102）。この機能と逆機能の「差引勘定」こそが，あるシステムの持つ「有用性」と考えることができる。この概

25　機能論を機能と逆機能の差と表現したのは，次の著書の邦訳 p.102 からのものである。Merton, R.K. (1968) *Social Theory and Social Structure*, The Free Press.（金沢実訳（1969）『現代社会学体系　13：マートン社会理論と機能分析』ミネルヴァ書房）。

26　これは，発生論的視点が重要ではないという意味ではなく，研究関心に照らせば機能論的な分析を採用したほうがいい，と主張しているに過ぎない。逆に歴史的な視点からは，なぜ，ある特定の行為者が現状のシステムから「逸脱した」システムを構築するという意思決定を行ったのかが重要になる。例えば，経営史学では「累積される一瞬一瞬の瞬間に環境にイナクト（enact）する経営主体の主体的意思決定こそが重要な意味を持つ」という主張が，日本を代表する経営史家である一橋大学教授の米倉誠一郎によって行われている（米倉誠一郎（2002）「経営史学の方法論：逸脱・不規則性・主観－イノベーション研究宣言－」米倉誠一郎（編）『現代経営学講座　2　企業の発展』，八千代出版株式会社：1 -15）。

念は，藤本（1997）や挽（2007）における「事後的合理性」とほぼ同一のものといえよう。そして，システムが有用性を持っているときは，そのシステムは存続すると考えることができる。

　この機能論的な存続のロジックとは，藤本（1997）によれば，「構造（安定的なシステム）の存続に貢献するようなシステムの挙動やアウトプットを『機能』と呼び，ある『構造』がある『機能』を生み出し，その結果システムが安定的に存続するという一連の流れを，事後的に因果関係として説明する」（p.152）ことである。本書においても，あるシステムが普及し利用されている場合，「なぜそのシステムが生み出されたのか」という発生論的な視点を補完的に用いつつ，「そのシステムがどのように機能しているのか」という機能論的な視点のエビデンスを重視し議論を進めることとなる。

2　標準原価計算の発生論

　本節においては，標準原価計算に関する先行研究のレビューを実施する。レビューの目的は，標準原価計算がそれぞれの生産システムで持つ有用性の探求である。この目的を達成するために，まず，発生論的なレビューを実施し，そのうえで，標準原価管理の機能論的なレビューを行う。

　伝統的な管理会計は，「標準原価計算」と「予算統制」の完成をもって成立したといえるが[27]，生産管理会計と密接に関連しているのは標準原

---

[27]　この点については，多くの論者が触れているが，ここでは，神戸大学名誉教授であった溝口一雄が編集した著書（溝口一雄編（1987）『管理会計の基礎』中央経済社），そして一橋大学名誉教授である廣本敏郎による著書（廣本敏郎（1993）『アメリカ管理会計論発達史』森山書店）を参照している。

価計算である。ここでは，標準原価計算の歴史的な発生・衰退のメカニズムを既存の歴史研究をもとに明らかにする。これらは，システムの生成に関わる行為者の「動機」に特に注目して行われる。

　標準原価計算の歴史的な変遷をたどるうえで，重要なプレイヤーは「能率技師（efficiency engineer）」と「会計士」である。それぞれは，標準原価計算を生成し，発展させ，その限界を指摘する，という役割を果たしている。標準原価計算の生成において特に重要な役割を果たすのは，会計士ではなく，能率技師たちだった。能率技師とは，テイラーなど科学的管理法を実践する技術者たちのことである[28]。

　能率技師たちは，19世紀末の原価計算の現状に不満を持ち，能率技師の１人であるハリントン・エマーソンによって最も初期の標準原価計算が誕生した[29]。また，同時期に会計士たちの手によっても同様の原価計算が誕生した。注目すべきは，この時期のアメリカにおける標準原価計算生成の能率技師，会計士それぞれの動機である。

　一橋大学名誉教授の岡本清の著書『米国標準原価計算発達史』[30]は，標準原価計算の発達史を主題とした文献である（岡本，1969）。能率技師，

28　1890年代のジョンソン社の革新的な管理会計システムの構築者は，ほかならぬテイラー自身だった。この時点では未だ標準原価計算と呼べるほどの原価計算ではなかったが，「原価計算が必ずしも一般化していない当時のアメリカにおいて，整備された原価計算を基礎として，月次損益計算書を商品セグメント別に実施するシステムを推奨していたということは，会計人としてのテイラーの先駆性を物語る」（田中，1982，p.58）。この指摘は，青山学院大学教授であった田中隆雄による著書でなされたものである（田中隆雄（1982）『管理会計発達史』森山書店）。

29　当時のアメリカの工場管理の現状から能率技師たちの誕生，そして標準原価計算の誕生に至るまでの記述は，京都大学名誉教授である上總康行による著書（上總康行（1989）『アメリカ管理会計史（上）：萌芽期－生成期』同文舘出版）の第５章，第６章を参照されたい。

30　岡本清（1969）『米国標準原価計算発達史』白桃書房。

会計士が標準原価計算を生成・発展させた動機について，それぞれ首尾一貫した記述があり参考になる。エマーソンにとっては，既存の歴史的原価計算が(1)ころがし計算のため計算自体が遅延する[31]，(2)歴史的原価が原価管理上なんら有効な情報を提供できない，という2点が標準原価計算を誕生させる動機となった。能率技師たちがこのような「原価管理上の欠陥」に動機付けられたのとは対照的に，会計士たちは「真実の原価」を追求するうえで標準原価計算を誕生させることとなった。会計士たちにとっては，歴史的原価計算のもつ価格計算・損益計算上の欠陥こそが標準原価計算を誕生させる動機となったのである。

　また，横浜市立大学名誉教授である伊藤博の著書『管理会計の基礎』[32]では，岡本（1969）と同様に標準原価計算を生成した際の「動機」について記述している（伊藤，1970）。伊藤（1970）では，特にエマーソンの標準原価計算の生成の動機を詳細に記述した。エマーソンは既存の原価計算を「検死的原価計算（post-mortal cost accounting）」と呼び，報告の遅延と計算の不正確さを批判した。そのうえで「作業能率の増進という現実の要請」と「科学的管理の未来志向的な方法論」の2点が，標準原価計算の成立の根拠であったとしている。

　そして，前掲著とは異なり，能率技師と会計士の役割を明確に対立させて歴史的なアプローチを行ったのが，大阪市立大学名誉教授であった辻厚生による著書『管理会計発達史論』[33]である（辻，1998）。辻（1998）によると，エマーソンといった能率技師たちが物量計算を中心に独自に

31　ころがし計算とは，固定製造原価の配賦を変動製造原価と同様に行う方法である。

32　伊藤博（1970）『管理会計の基礎：アメリカ管理会計論史の素描』白桃書房。

33　辻厚生（1988）『管理会計発達史論　改訂増補版』有斐閣。

開発した原価計算が，初期の標準原価計算である。これは，当時の「会計士の原価計算」に対しての厳しい批判から生まれたという。しかし，この能率技師たちが指向した標準原価計算の目的は能率測定であり完全操業を目指すものだった。そのため，1900年代の初期に幾度か繰り返される恐慌時には，操業度が低下するために，適切な基準を提供することができなかった。よって，会計士側からの働きかけにより，会計士たちが誕生させた標準原価計算と合流し，現在の形の標準原価計算へと発展した，と主張した。

　以上，岡本（1969），伊藤（1970），辻（1988）をはじめとする標準原価計算の生成と発達についての発生論的な知見を，既存の歴史研究から整理した。発生論的なインプリケーションとして以下の点を挙げることができる。

1．1900年代の初期に，既存の原価計算が「能率」についての情報を提供しないことに不満を持つ能率技師によって標準原価計算が生成した。
2．ほぼ同時期に，価格計算や期間損益計算のために会計士たちによっても標準原価計算が誕生した。
3．恐慌時の低操業度においては，能率技師たちによる標準原価計算は適切な標準を提供しなかった。
4．会計士の標準原価計算が，能率技師による標準原価計算を取り込み，標準原価計算が完成した。

　遅くとも1930年ごろまでには完成した標準原価計算は，科学的管理法と密接に関連し，着実に普及していったと考えられる。同志社大学の加登豊によって実施された1984年の調査を取りまとめた著書『管理会計研

究の系譜』[34]によれば，アメリカの「フォーチュン500社」の87.4%もの企業が原価管理に標準原価計算を用いていた。また，その利用に高い満足を得ており，「数多い原価管理の方策のうちでも標準原価計算が原価管理手法として中枢的な役割を担っている」という（加登，1989，p.85）。なお，同時に行われた，日本の東証一部上場の鉱・製造業（建設業を除く）を対象にした調査によると，79.0%の企業で標準原価計算が何らかの形で実施されていた。そして，「標準原価計算の経営活用はわが国企業においては，定着しているといえる」と結論付けている（p.108）。

3　日本企業における標準原価計算の発生論についての補足

　ただ，アメリカにおける標準原価計算の発展経緯は，日本企業には当てはまらないものと思われる。大阪学院大学の山本浩二を委員長とする日本会計研究学会課題研究委員会（以下，山本委員会と略す）の報告書『原価計算の導入と発展』[35]では，名古屋大学の小沢浩により，次のような興味深い考察が行われている（pp.16-17）[36]。

> 　1927年から1932年は，不況の影響から，実務界では先進的な企業において標準原価計算の導入が試みられ，学界においては，アメリカ

34　加登豊（1989）『管理会計研究の系譜：意思決定目的モデルから意思決定支援システムへ』税務経理協会。
35　山本浩二編（2010）『原価計算の導入と発展』森山書店。
36　小沢浩（2010）「原価計算に関する時代背景」山本浩二編『原価計算の導入と発展』：11-30。

文献の輸入・紹介が行われた時期であった。…（中略）…現在では，標準原価計算が科学的管理法を基礎に生成したことは自明のこととして受け入れられているが，…（中略）…当時は，そのことが十分に理解されていなかったことを示す興味深い記述がある…（中略）…。この時期においても(筆者注：第二次大戦後)，例えば，WF法（筆者注：Work Factor 法の略であり作業標準の設定を支援する方法）によって標準を設定し，標準原価計算に結びつけるというような，科学的管理法から標準原価計算への展開が意識されたという痕跡は見あたらない。WF法は，独自に科学的管理の手法として普及されたようである。ここに，経営工学(Industrial Engineering : IE)的手法による能率管理と，標準原価計算を用いる原価管理とが異なる経路で発展を遂げていた様子がうかがえる。

　つまりは，日本においては標準原価計算と科学的管理法は別個のものとして理解され，普及してきたきらいがある。この傾向を決定的にしたのは，現在でも多くの上場企業で参照される「原価計算基準」である。山本委員会の報告書内で，小沢は次のように述べている（p.23）。

　「原価計算基準」は，財務諸表作成目的の基準として制定されたために，企業の経営管理のための原価計算を普及させたいという意図をもった研究者，あるいは…（中略）…原価管理に主眼を置く研究者からは，基準のあり方をめぐって多くの批判があった。

　これは，原価計算基準が科学的管理法のような経営管理の目的ではなく，財務諸表作成目的を優先して策定されたことを示している。その場

合，標準原価計算の役割期待は，標準を利用した管理というよりは，おそらくは単に計算を簡略化・早期化するためのものとなってしまったのかもしれない。このような背景情報は，本書の第4章で詳細に議論されるが，リーン生産と原価情報は関係がなく，むしろ非財務情報が積極的に活用されたという事実と関連して重要だろう。いずれにせよ，この小沢の論考は，日本企業における標準原価計算の生成過程の背景情報としては白眉である。

　日本企業にとって重要な点は，アメリカなどでは，大量生産システムの発展に伴い，科学的管理法と表裏一体で標準原価計算が利用されてきたが，日本ではそうでもなかったという事実であろう。日本の標準原価計算の普及においては，当時，日本の会計学がドイツ経営経済学の影響を多大に受けていたという事情もあってか，必ずしもそのような普及はなされなかったし，「原価計算基準」の策定時においてもそのような関係は前面には押し出されなかった。もちろん，山本委員会の報告書の中では，日本大学の藤野雅史により三菱電機神戸製作所の事例が紹介されているとおり(第3章)[37]，アメリカと同様の普及プロセスも一部の企業ではみられた。ただ，大きな背景情報として，日本企業における標準原価計算の発生論が，アメリカにおけるそれとは異なる可能性は留意されたい。

4　標準原価計算の機能論

　すでにみたように，理念的にはテイラーの科学的管理法の1つの発展形態として誕生したのが，標準原価計算に基づく管理である。このシス

---

[37]　藤野雅史（2010）「原価管理思考の萌芽(1)：三菱電機神戸製作所における標準原価計算の導入と適応」山本浩二編『原価計算の導入と発展』森山書店：11-30。

テムは，伝統的な大量生産システムの下で普及したが，伝統的な大量生産システムの問題点の顕在化とともにシステムの逆機能も議論されるようになった。ここでは，まず標準原価計算の構造を明らかにする。続いて，その構造が持つ機能と逆機能の研究についてレビューする。標準原価計算については，いくつかの原価計算の教科書[38]を比較しても，説明の多少の差こそあれ，基本的なメカニズムについては「コンベンショナル・ウィズダム（conventional wisdom）」[39]が確立しているといえる。そこで，標準原価計算の持つ構造については，その概略を示すに留める。

5　標準原価計算の構造

　標準原価計算の基本的なコントロールのプロセスをまとめると，「原価標準の設定」「標準原価による製品原価の算定」「標準原価差異分析」の大きく 3 つのステップを経る（溝口，1985；廣本・挽，2015）。

　「原価標準の設定」とは，製品単位当たりの標準原価である原価標準（cost standard）を決定することである。そして，原価標準は，次の 3 つ

38　以下の教科書を参照した。溝口一雄（1985）『最新例解原価計算　増補改訂版』中央経済社，をはじめとして，上埜進・長柴悦敬・杉山善浩（2002）『原価計算の基礎：理論と計算』税務経理協会，岡本清（2000）『原価計算　六訂版』国元書房，加登豊・山本浩二（1996）『原価計算の知識』日本経済新聞社，小林啓孝（1997）『現代原価計算講義，第 2 版』中央経済社，櫻井通晴（2014）『原価計算』同文舘出版，廣本敏郎・挽文子（2015）『原価計算論　第 3 版』中央経済社などである。

39　管理会計においてコンベンショナル・ウィズダムとは，管理会計の領域を明確化するために，ア・プリオリに境界を決めるのではなく，既存の教科書などから帰納的に導かれた共通知識のことである。詳しくは，次の文献を参照されたい。Scapens, R. (1985) *Management Accounting : A Review of Recent Developments*, Macmillan Publisher Ltd.（岡野浩・中嶌道靖訳，石川純治監訳（1992）『管理会計の回顧と展望』白桃書房）

の特徴を持つ（廣本・挽，2015，p.336）。1つ目は，能率の尺度となるように予定されることである。2つ目は，科学的・統計的な調査によって算定される。3つ目は，物量標準と価格標準から算定される，ということである。さらに，算定された原価標準は，その「規範としての水準」について3つに区分できる（溝口，1985）。それは，「理想標準原価」，「現実的標準原価」，「正常標準原価」であり，後者になるほど達成可能水準が低くなっている。

「標準原価による製品原価の算定」とは，上記のステップで設定された「原価標準に，当期の生産実績を乗じて計算される」（上埜ほか，2002，p.144）。これら標準原価は，直接材料費，直接労務費，製造間接費について計算される。

「標準原価差異分析」とは，標準原価と実際原価の差異とその原因を分析することである。その差異の把握には，「パーシャル・プラン」，「修正パーシャル・プラン」，「シングル・プラン」などがある（溝口，1985）。これらは，「標準原価をどの計算段階で複式簿記機構の中に組み入れるか」の違いである。具体的な差異分析は，費目ごとに行われる。直接材料費については材料消費価格差異と材料消費数量差異が，直接労務費については賃率差異と作業時間差異が，間接経費については予算差異と能率差異と操業度差異が計算される（加登・山本，1996）[40]。

標準原価計算では，このように計算された差異がなぜ発生したのかを究明し，その情報がフィードバックされ，是正行動がとられる。標準原価計算の各々のステップで「事前原価管理」と「日常的原価管理」，そして「事後ないし原因別原価管理」と呼ばれる原価管理活動を行っている

40　ここでの間接経費の差異分析は，公式法の変動予算の三分法によっている。他にも，二分法や四分法による差異分析，あるいは固定予算を用いた差異分析の方法がある。詳しくは，先述の原価計算の教科書を参照されたい。

（岡本，2000）。適切な標準原価を示すことは，組織成員が達成すべき基準を明確にすることになり，これが事前原価管理となる。また，期中では，作業データが収集され標準原価と比較され日常の管理が行われるが，これが日常的原価管理である。そして，差異分析での結果を踏まえて是正措置がとられることになるが，これが事後ないし原因別原価管理である。差異分析は，例外的に発生した経営現象の是正を意図しているが，これは標準原価計算が「例外管理」であるとする根拠である（岡本，2000）。

　実は，このような標準原価計算の構造について，実際の企業においてどれほど教科書的な，あるいは教科書から離れたシステムが運用されていたのかについては，経験的な証拠がほとんどないのが実情である。ただ例外的なエビデンスは，早稲田大学の清水孝による調査だろう。清水による著書『論点で学ぶ原価計算』[41]において，「原価標準の設定」，「標準原価による製品原価の算定」，「標準原価差異分析」のそれぞれの実施状況についてのエビデンスを提供している（清水，2018）。これらのエビデンスは，2010年から2011年にかけて Nikkei NEEDS に登録のあった製造業1,283社に調査票を郵送し，200社から返信を受けたものである（返信率15.6％）。

　「原価標準の設定」については，原価低減目標を織り込んでいる企業が41.9％を占め，直近期（年，半期，四半期）実績を用いている企業も36.8％を占めている（清水，2018，図表 9 - 6 より）。これは多くの企業において，「規範としての目標」という特性を有していない原価標準が用いられていることを示唆している。清水自身も「少なくとも 1 / 3 ほどの企業が，『基準』（筆者注：原価計算基準のこと）が定める標準原価を使用しているわけではない」と述べている（p.188）。「標準原価による製品原価の算

41　清水孝（2018）『論点で学ぶ原価計算』新世社。

定」については，全体の35.9％の企業がシングル・プランを採用してお
り，製造間接費の配賦率が予定になっている修正パーシャル・プランを
採用している企業が17.1％と続いた（清水，2018，図表9－7より）。

　「標準原価差異分析」については，費目別ではなく総額の差異のみを認
識している企業が25.6％もあった（清水，2018，図表9－8より）。これら
の企業では，おおよそ原価管理目的に標準原価計算が行われているとは
言い難いだろう。直接材料費の原価差異については，費目別に原価差異
を計算している企業のうち，受入価格差異を計算している企業が76.8％，
数量差異を計算している企業が65.9％あった（清水，2018，図表9－9よ
り）。直接労務費の原価差異については，費目別に原価差異を計算してい
る企業のうち，賃率差異を計算している企業が63.4％，作業時間差異を
計算している企業が59.8％あった（清水，2018，図表9－10より）。製造間
接費の原価差異についても，差異総額を認識するのみの企業が63.4％に
のぼった。また，原価管理の役立ちについては，直接的な設問を用意し
ており，結果として「標準原価管理は原価維持に有用であると考える企
業が過半数あり，原価低減そのものにも役立つと考える企業はおよそ
1/3」であったという（p.195）。

　これらのエビデンスが明らかにしたことは，1）標準原価計算は実務
上でもよく利用されていること，2）ただしその利用は理念的な標準設
定から逸脱していること，3）特に原価差異の処理は早期に収益性を認
識するための処理が行われていること，の3点である。これは，標準原
価計算が，科学的管理法と表裏一体で用いられているというよりは，小
沢（2010）が指摘した日本固有の普及についての背景情報を踏まえると，
科学的管理法と独立して利用している企業が2/3ほどもあるという結
論につながるだろう。標準原価と呼称されているものの多くは，タスク・
コントロールというよりは，より上位の予算管理の一環として利用され

る「予算原価」としての役割を有しているのかもしれない。

6　標準原価計算の機能についてのエビデンス

　いくら標準原価管理が優れた原価管理手法であると教科書が主張して
も，その機能がどれほどなのかは経験的事実によって確認する必要があ
る。しかし，本節では1つひとつのエビデンスについて検討することは
ない。なぜなら，これらのエビデンスは，中央大学の福島一矩によって
すでに統合され評価されているので，本書でも彼の論文「日本企業にお
ける標準原価計算の歴史的展開」[42]を参照する（福島，2009)[43]。
　福島（2009）では，1990年代以降の環境の変化として，「生産工程の機
械化・自動化」，「製品ライフサイクルの短縮化/多品種少量生産の導
入」，「新たな生産管理手法の導入と標準原価計算の不整合」の3点を挙
げ，このような変化の下でも標準原価計算が機能しているのかを検討し
た。1990年代に実施された9本の実態調査[44]を参照した結果は，次の図表
2－1のとおりとなった。端的には，そもそも標準原価計算があまりタ
スク・コントロールには用いられていない可能性があるにせよ，生産工
程の機械化や自動化，そして製品ライフサイクルの短縮化や多品種少量

42　福島一矩（2009）「日本企業における標準原価計算の歴史的展開：実態調査
の文献サーベイに基づく考察」『商学論集（西南学院大学）』56(1)：77-97。

43　なお，福島（2009）と同様に標準原価計算についてのエビデンスの統合を試
みた論文として，De Zoysa, A. and Herath, S.K. (2007) "Standard costing in
Japanese firms" *Industrial Management & Data Systems*, 107(2)：271-283 があ
る。この論文の結論も，福島（2009）と同様である。

44　Scarbough, P., Nanni, Jr., A.J., M. Sakurai (1991) "Japanese management
accounting practices and the effects of assembly and process automation,"
Management Accounting Research, 2：27-46 などである。すべての研究が日本
企業を対象としていた。

図表 2 － 1	1990年代以降の標準原価計算の機能

	実態調査・実証研究からの知見
生産工程の機械化・自動化	・工場自動化後も標準原価計算の役割を低下せず有効である。 ・工場自動化の程度による原価標準のタイトネスの差は，作業時間にはあるが，材料消費量にはない。
製品ライフサイクルの短縮化/多品種少量生産	・製品ライフサイクルの短縮化と原価標準のタイトネスの間には相関が見られない。 ・多品種生産時の生産量の多少と原価標準のタイトネスの間には相関が見られない。
新たな生産管理手法の導入と標準原価計算の不整合	（実態調査・実証研究なし）

出典：福島（2009）図表1「標準原価計算のレレバンス・ロストに関する理論・実務ギャップ」より一部抜粋。

生産の進展は，標準原価計算の役割に影響していないといえるだろう。

このような実態について，福島（2009）は次のように要約している（p. 93）。

> しかし，実態調査では，標準原価計算の普及実態，利用目的の変化は確認されない。これらの結果からは，標準原価計算を完全に廃棄するというよりも，各部品や生産プロセスについて詳細な標準消費量や標準価格を設定せずに，よりまとまった部品レベルや製品レベルで標準を設定する（Zimmerman, 2006），あるいは，重要度の高い製品や基準品に対して標準原価計算を実施するという利用スタイルの変化によって，コストの低下とベネフィットの増加の実現を図っていることが予想される。

　この主張は,部品レベルや個別作業レベルの詳細なタスク・コントロールではなく，より上位の予算管理の一環として標準原価計算による原価管理を利用している可能性と整合的といえるだろう。なお，Zimmerman (2006)[45]とは，アメリカにおける管理会計の標準的な教科書のことである。同書の最新版であるZimmerman (2019)においても，「いくつかの企業が詳細な標準原価計算システムを捨て去ったとしても，その一方で年次予算の手続きを捨て去るような企業は存在しない」と述べ(p.559，邦訳筆者)，予算管理の一環としての標準原価計算を説明している。

　このように，標準原価計算がタスク・コントロールというよりは，より上位の予算管理目的に利用されている可能性について，追加的なエビデンスを阪神データによって確認しておこう。阪神データでは，原価計算の目的をいくつか聞いており，因子分析という手法を用いて複数の設問の結果を集約することで，1）予算管理目的，2）タスク・コントロール目的の2種類の得点を工場ごとに計算できる（結果の詳細は図表補－2を参照）。この2つの因子得点が，標準原価の設定に際しての標準の厳格度に与える影響を順序ロジット回帰と呼ばれる手法で検証した結果（結果の詳細は図表補－3を参照），標準の厳格度に影響を与えるのは，予算管理目的のみであることが示された。つまり，原価情報を予算管理目的で利用する場合，標準原価の設定は厳格化されるが，タスク・コントロール目的の利用においては特段の影響を与えないのである。これは，標準原価が，上位の予算管理目的で利用されていることを示し，下位のタスク・コントロールとの関係はほとんどないという可能性を示唆している。つまり，少なくとも阪神データの結果から，日本企業における標準原価

45　Zimmerman, J.L. (2006) *Accounting for Decision Making and Control*, 5th ed., McGraw-Hill Education.

計算の利用は，科学的管理法との密接な関係がみてとれないことが明らかとなったといえる。

7　小　括

　本章では，標準原価計算のアメリカにおける発生から，日本国内での普及，そして日本国内での機能についてのエビデンスを確認した。重要な点は，アメリカにおける標準原価計算の発展経緯とは異なり，日本国内での標準原価計算が予算管理のような上位の管理目的に利用され，科学的管理法のようなタスク・コントロールにはあまり利用されていないことだろう。

第3章

レレバンスを求めて：
配賦計算の精緻化

　1987年に発刊された当時ハーバード大学のロバート・サミュエル・キャプランが，ポートランド州立大学の会計史家である H・トーマス・ジョンソンと共著で出版した『レレバンス・ロスト（relevance lost）』[46]は，20世紀の最後の10年間に，世界中の管理会計研究の方向性を決定づけた重要な書籍である。

　本章では，リーン生産を含む，より広範な環境の変化に対して管理会計が適応できていないというキャプランらの主張を確認し，その後，どのように管理会計が発展していったのかを確認しよう。少なくとも1980年代のアメリカにおいては，企業経営において管理会計は役に立っていないどころか有害ですらあるという本書の主張を受け，管理会計学者たちが取り組んだことは，原価計算の精緻化であった。その際たる成果は，

46　Johnson, H.T. and Kaplan, R.S. (1987) *Relevance Lost : The Rise and Fall of Management Accounting*, Harvard Business School Press.（鳥居宏史訳（1992）『レレバンス・ロスト：管理会計の盛衰』白桃書房）

活動基準原価計算（Activity-Based Costing：ABC）および関連する原価計算システムの開発だろう。しかしながら，2010年代においても，ABCの普及は進んでいない。2008年に実施された調査である阪神データでも，2018年に実施された群馬データでも，ABCの実施率は0％であった。つまり，ほとんどすべての企業が非合理的な意思決定を行っていると仮定しない限り，ABCの機能を説明することは不可能なのである。

1 レレバンス・ロストの衝撃

1980年代当時，数理的な手法で管理会計研究をリードしていたキャプランが，会計史家のジョンソンと手を組んで著書を発表した，というだけで衝撃的だったであろうが，その内容は「管理会計は使えない」という内容だったことはなおいっそう衝撃をもって迎えられたことは容易に想像がつくことだろう。大阪市立大学の岡野浩は次のように述べている[47]。

> 彼ら（筆者注：ジョンソンとキャプラン）は，管理会計のレリバンスを喪失したことが，アメリカにおける生産力低下の原因の1つであるという認識を背景として，管理会計研究の現状に対して徹底的な批判を加え，その回復のためには，優良企業の管理会計実務をフィールド・スタディによって発掘すべきであると主張するのである。これは，従来まで主として新古典派経済学に依拠することによって管理会計の数理的側面を探求してきたキャプラン自らのこれまで

---

47 岡野浩（1994）「新しい管理会計の出発」会計フロンティア研究会編『管理会計のフロンティア』中央経済社の p.2 より。

の業績を否定する側面をもっており，このことによって逆に，彼の
主張の影響力をよりいっそう増すことになった…（後略）…。

　この『レレバンス・ロスト』においての彼らの主張は，次のように展
開された。まず，管理会計の発展に伴い企業組織が大規模化し，複雑化
していく歴史的経緯の解明である（第2章から第5章）。そこでは，「管理
会計それ自体が，大規模企業の成長を促進したといってもよい」（邦訳 p.
18）という主張を裏付けるような歴史的事例が繰り返し登場する。例え
ば，原価計算データを管理目的に利用することで発展した19世紀初頭の
ニューイングランド地方の紡織業を営むライマン・ミルズ社，19世紀後
半にアンドリュー・カーネギーが原価計算書で統制を行ったカーネギー
社，能率技師であるエマーソンとハリソンによる原価差異分析，振替価
格と投資利益率公式など多様な分権制組織の管理会計システムを開発し
たデュポン火薬会社，予算編成などにより多角化された組織を管理する
事業部制の管理会計が発展したゼネラル・モーター社などである。これ
らの企業では，優れた管理会計システムが企業の成長を促進していた。
　続いて，「1925年までに，アメリカの製造業は，今日知られている実質
的にあらゆる管理会計手法を開発してしまった」（邦訳 p.115）という文章
で始まる第6章以降は，このような管理会計が実務で徐々に有用性（レレ
バンス）を喪失していく過程が明らかとなる（第6章から第8章）。その原
因としては，財務会計目的が優越したこと，実務と無関連に展開した過
度に単純化された状況下での数理的研究の進展，製造間接費（以下，単に
間接費と略す）の増大といった生産環境に既存の原価計算が適応できな
かったこと，を指摘した。

そして，第9章から第11章で，品質管理やジャスト・イン・タイムな在庫管理に触れ，このような新しい生産環境下における管理会計システムの必要性を主張する。具体的な仕組みとしては，新たなる原価計算システムの開発と，財務情報と非財務情報を組み合わせた業績測定システムの開発である。原価計算システムの開発については，既存の財務会計目的の原価計算に加え，本書でタスク・コントロールと呼んでいるものとほぼ同義で，キャプランらが「工程管理（process control）」と呼称した管理不能な原価の配賦を行わない原価計算を提案した。そして，その原価計算とは別に，短期的には固定費であっても長期的には変動すると想定し，固定費・変動費の区別なくすべての費用を長期変動費として直課や配賦して集計する長期製品原価計算を提案し，延べ3つの原価計算を提案している。彼らは，この3つの原価計算（財務会計目的，工程管理目的，長期製品原価計算目的）について次のように述べている（邦訳 pp.228-229）。

> 現行の原価計算システムは，3つの目標を満足させようとする。すなわち，財務諸表を毎月，毎四半期および毎年作成するために期間原価を製品に配賦すること，原価センター長に工程管理情報を提供すること，そして，製品管理者や企業管理者に製品原価の見積りを提供することである。…（中略）…3つの原価計算目的すべてを満足させる単一のシステムがあることは望ましい。しかし，低コストで高性能の情報処理技術が与えられれば，このことは必須の設計基準とは限らない。…（中略）…そして，別個のシステムが必要とされるのではないかと思っているひとつの理由に，活動によっては時間の枠が異なる点が挙げられる。工程管理を支援するための原価計算システムでは，原価センター長に最も有用となる情報に対して，管理される工程に特有の報告期間が存在するにちがいない——た

> とえば，1時間ごと，1日ごと，1週間ごと，半年ごとなどである。
> 一方，財務報告システムでは，指定された外部報告書の期間に従わ
> なくてはならない──四半期ごととか1年ごとである。そして，製
> 品原価情報では，さらに長期間が要求される。製品原価の見積りに
> は長期変動費が最も適しているので，たとえ1年に1度計算される
> だけとしてもなお有用である。

『レレバンス・ロスト』の出版以降，キャプランは，3つ目の長期製品
原価計算を ABC として体系化した[48]。この時点で留意すべきは，次の2
点であろう。1点目は，ABC は，毎月あるいは毎四半期計算される，い
わゆる原価計算制度としての性格を期待されていたわけではない。2点
目として，ABC はタスク・コントロールに用いられることが期待されて
いたわけではないということである。このような初期の考え方にもかか
わらず，管理会計学界において，ABC は万能の原価計算のような扱いを
されてしまう。それは，間接費の管理についての対応が不可避であると
いう時代背景があったのかもしれない。

2　間接費の時代，あるいは「隠された工場」

『レレバンス・ロスト』が出版される数年前の1985年に，ボストン大学
でオペレーションズ・マネジメントを研究しているジェフリー・G・ミ
ラーと，当時 INSEAD のトーマス・E・ボールマンは，実務家向けの雑

---

[48]　この点については，摂南大学の三木僚祐の論考を参考にしている。三木僚祐
（2012）「レレバンス・ロストの再考」『経営情報研究』20(1)：61-81。

誌である『ハーバード・ビジネス・レビュー』誌に，「隠された工場」[49]という影響力の大きい論文を発表した（Miller and Vollman, 1985）。この論文では，生産ライン以外での取引を主因として増加し続ける間接費は，隠されたもう１つの工場と呼ぶべき規模に到達しているにもかかわらず，企業が有効な対策を打てていないことが議論されている。そこでは，「世界の注目が生産性と新製品開発に注がれる中，特に電気機器や機械産業において，マネジャーは静かに別の戦いに明け暮れている。それは，間接費を制圧するための戦いである」（p.142，邦訳筆者）とし，まさに間接費が多くの産業において静かに，そして手がつけられないほど増加し続けていることが示唆された。

　また，日本企業を対象とした間接費に関する時系列的な変化についてのエビデンスは，東洋大学の庵谷治男らによって提供されている[50]。彼らは，日本企業では製造原価明細書が開示されていることを手がかりに，材料費，労務費，経費の経年的な変化を集計した。この場合，材料費や労務費は直接費や間接費のいずれにも該当するが，経費は多くの場合間接費として考えることができる。その結果，製品原価に占める経費率は，1980年代の19.7％から2000年代には29.3％にまで上昇していたという。もちろん，労務費に占める間接費の比率は不明であるが，日本企業でも大きな傾向として，間接費化が進展していることがみてとれる。

　もっとも，日米の間接費の割合はそもそも異なる可能性がある。1998

49　Miller, J.G., and Vollman T.E. (1985) "The Hidden Factory" *Harvard Business Review*, 63(5): 142-150.
50　庵谷治男・新井康平・小野慎一郎・妹尾剛好・福島一矩・目時壮浩（2018）「日本企業におけるコスト構造とコストドライバーの変化：1980年－2009年における我が国製造原価明細書の分析」『長崎大学経済学部研究年報』34：17-26。

年の時点でキャプラン自身が，ABC の共同開発者であるロビン・クーパーと共著で記した『コスト戦略と業績管理の統合システム』[51]の日本語版序文において次のように指摘している（Kaplan and Cooper, 1998）。

> 日米のコスト・マネジメント実務は，過去20年間に異なった道を歩んできた。日本企業は直接費の管理を強調してきたのに対して，アメリカ企業は間接費の管理に焦点を当ててきた。…（中略）…大量生産品のメーカーとは違って，リーン生産方式をとる企業では製品の付加価値の相当部分を外注している。外注されるのは部品類であるから，この政策は原価要素でいえば，大量生産品のメーカーに比べてリーン生産者の直接材料費を相対的に増加させることになる。他方，すべての部品類を社内で生産している企業は，直接材料費のほかに多額の直接労務費と製造間接費を必要とする。その結果，部品の多くを外注している日本企業は，アメリカ企業に比較すると直接費に比べて間接費の比率が低くなる傾向がある。

　もうほとんど本章の結論をキャプラン自身に語ってもらったようなものだが，リーン生産を採用していたり，系列システムを採用していたりして間接費の発生余地が少ない場合，そもそも間接費の管理が必要ないという主張がみられる。いずれにせよ，キャプランは，少なくとも日本における原価管理システムが直接費を対象としたものが主流であることから，日本企業における間接費の少なさを推定しているようだ。もっと

51　Kaplan, R.S., and R. Cooper (1998) *Cost and Effect : Using Integrated Cost Systems to Drive Profitability and Performance*, Harvard Business School Press. （櫻井通晴訳（1998）『コスト戦略と業績管理の統合システム』ダイヤモンド社）

も，庵谷らが示したように，日本企業においても徐々に間接費の比率の増加はみられる。製品原価の計算において，ABC のような新しい原価計算システムの利用は，むしろ今後期待できるのかもしれない。

3　ABC の計算構造

それでは，そもそもなぜ，間接費の増大は原価計算の計算精度を低下させるのだろうか。それは，既存の原価計算が間接費の配賦について，あまりに単純な仮定をおいており，結果として製品原価が歪むことが知られているからである。では，なぜ ABC ならばより正確な製品原価が算出できるのだろうか。ここでは，提唱者であるキャプランとクーパー自身の著書である，さきほど序文を確認した Kaplan and Cooper（1998）に基づいて，その計算構造を確認しよう。

Kaplan and Cooper（1998）では，第 6 章から第15章にかけて，ABCとその原価管理への応用である活動基準原価管理（Activity-Based Management）や活動基準原価予算（Activity-Based Budgeting）などの解説が行われている。ここでは，ABC の基礎的な解説が行われている第 6 章を参考に，その計算構造を説明しよう。まず，ABC が取り組む内容を次のように要約している（邦訳 p.103）。

1．企業の資源によって，どのような活動が行われているか。
2．企業の活動とビジネス・プロセスを遂行するために，どれだけ原価がかかっているか？
3．企業はなぜ活動とビジネス・プロセスを遂行する必要があるのか。
4．企業の製品，サービス，顧客には，それぞれどれだけの活動が必要とされているか。

　そして，これらの問いに対する答えが，ABC から導かれると主張している。

　この ABC の計算構造は，伝統的な原価計算との比較によって説明されている（邦訳 pp.107-123）。伝統的な原価計算の配賦は，2 段階の配賦を行っているという。これは，間接コストセンターの間接費を製造コストセンターに配賦し，製造コストセンターに集約された間接費を単一のコストドライバーで製品に配賦しているというものである。例えば，部門別個別原価計算では，補助部門費を製造部門に配賦し，製造部門から製品に配賦を行う。このような手続きで製品原価が不適切になる原因は，2 段階目の製造コストセンターから製品に配賦される際に生じるという。これは，製造間接費を製品に配賦するという財務報告の養成を満たすために，単純で費用がかからない方法が用いられるためだという（邦訳 p.18）。

　このような伝統的な原価計算の 2 段階のステップに対して，ABC は 4 つのステップで間接費の配賦を行うという。

　ステップ 1 では，活動一覧表を作成する。それは，間接資源がどのような活動に費やされているのかをリストアップするというもので，例えば，「生産日程計画を立てる」とか，「材料を運搬する」などが該当するという（邦訳 p.109）。

　ステップ 2 では，活動に対する支出額を明らかにする。インプットである「給与」，「減価償却費」，「消耗品費」などの費目を活動ごとに配賦することを指す。その際に用いられるコストドライバーは資源を活動ごとに割り振るために「資源ドライバー」と呼ばれる。資源ドライバーは，作業員の活動一覧などから算出される。

　ステップ 3 では，ABC の計算対象たる製品，サービス，顧客を識別する。

ステップ4では，活動ごとに集約された活動原価を，計算対象たる製品，サービス，顧客に対して配賦する。その際に用いられるコストドライバーは活動原価を計算対象に割り振るために「活動ドライバー」と呼ばれる。活動ドライバーは，測定の正確性と測定のコストとのバランスが重視され，例えば「機械の稼働」については機械時間が，「機械の段取り」については段取り回数が，「機械の保守」については保守時間が採用される。個別の活動ごとに異なる活動ドライバーが設定されるのが特徴だろう。

　なお，ABCの配賦自体は伝統的な原価計算と同様に2段階であるが，2段階目の配賦に多様なコストドライバーを活動ドライバーとして採用することで，製品原価計算の精緻化を図っている点に特徴があるだろう。

4　ABCの機能についてのエビデンス

　キャプランらのABC創出の意図と，ABCの構造を確認したところで，これらABCの機能についてのエビデンスを確認しよう。ABCのエビデンスとしては，①キャプランが主張するように間接費が多様なコストドライバーで変動するというエビデンス，②ABCが企業の成果に貢献しているというエビデンス，という2種類が存在する。ただし，現在に至るまで，これらのエビデンスは日本企業を対象にしたものはほとんど存在しない。これは，ABC以降の革新的な原価計算が日本企業ではほとんど普及していないためと考えられる。

　まず，①の間接費が多様なコストドライバーで変動しているというエビデンスは，テンプル大学のラジブ・D・バンカーらが2007年に『管理会計研究ハンドブック』に掲載した論文「コストと利益のドライバー研究」[52]でレビューされている（Banker and Johnston, 2007）。そこでは，1990

年から2001年に公表された12本[53]の論文が検討され，ほとんどすべての研究で，伝統的な原価計算が前提としていたボリュームに基づくコストドライバー以外のコストドライバーが，間接費の変動に有意に影響していることが確認されている。バンカーらは，コストドライバーが間接費の変動を説明する割合が大きいこと，間接費の変動を説明するのは伝統的な原価計算で用いられていたボリュームベースのコストドライバーであること，その他のコストドライバーも間接費の変動について一定の説明力を有していたこと，という3点が確認されたと述べている（p.549）。

②のABCが企業の成果に貢献しているというエビデンスは，ラヴァル大学のモーリス・ゴセリンが2007年に『管理会計研究ハンドブック』に掲載した論文「ABCのレビュー：技術，導入，帰結」[54]においてレビューされている（Gosselin, 2007）。そこでは，工場・事業所レベル，企業レベル，資本市場レベルなどの多様なレベルでのABCの導入効果が検証されているが，そのエビデンスの数は限定的であるとし，5本の論文における導入の成果は混乱しており，導入の成果がみられるものもそうでないものもあった。

これらの結果から，ABCは，計算構造が正当であるとのエビデンスを獲得しているが，だからといってその導入に経済性があるとは言い切れない。ABCは相対的に正しく間接費を計算するのだが，この計算にかか

52　Banker, R.B., and Johnston, H.H. (2007) "Cost and Profit Driver Research" in Chapman, C.S., Hopwood, A.G., and Shields, M.D. ed, *Handbook of Management Accounting Research* 2 : 531-556.

53　Foster, G., and Gupta, M. (1990) "Manufacturing overhead cost driver analysis," *Journal of Accounting Economics*, 12 : 309-337 など12本である。

54　Gosselin, M. (2007) "A Review of Activity-Based Costing : Technique, Implementation, and Consequences" in Chapman, C.S., Hopwood, A.G., and Shields, M.D. ed, *Handbook of Management Accounting Research* 2 : 641-556.

るコストと成果が見合っていないのかもしれない。このような状況を踏まえてか，ABCが普及していない，あるいは，一旦導入したABCを中止した企業が相次いでいるという（Gosselin, 2007）。日本での普及率についても，慶應義塾大学の吉田栄介らが管理会計全般の普及実態を調査した研究成果をまとめ2017年に出版した書籍『日本的管理会計の深層』[55]においても，製造業においての普及率はわずか7.3％となっていた（吉田他, 2017）。あるいは，すでに述べたように，阪神データ，群馬データではともに０％であった。

　しかし，これらは『レレバンス・ロスト』時点でのキャプランの構想からすれば，当然の帰結といえるのかもしれない。なぜなら，すでに確認したように，ABCは長期変動費を計算するための原価計算であり，定期的に実施される必要性は低いものだと想定されていた。これは，原価計算制度に対して「特殊原価調査」と呼ばれ，ABCのような長期的な視点の製品原価計算は，特殊原価調査と適合的な可能性が示唆されるのである。

5　タスク・コントロールのための原価計算とは

　さて，ABCのような間接費の配賦を精緻化した原価計算は，当初からタスク・コントロールには不適切であると，キャプラン自身によって示されていた。それでは，タスク・コントロールに適した原価計算とはどのようなものなのだろうか。『レレバンス・ロスト』におけるキャプランらの考え方は，次のようなものであった（邦訳pp.229-230）。

55　吉田栄介・福島一矩・妹尾剛好・徐智銘（2017）『日本的管理会計の深層』
　　中央経済社。

> 工程管理情報は，その責任センター長の直接管理下にある活動について報告すべきである。すなわち，責任センター内部で製造されたアウトプットと消費された経営資源についてである。センター外からの原価を配賦したり，工場全体レベルで測定された原価を配賦しても，センター長にとっては，問題点を訂正したり，管理下にある工程について多くを知るのに有益ではない。それ故に，工程管理システムでは，原価は最小の配賦にとどめるべきである。

　これは，タスク・コントロールに用いる原価計算は，管理可能な費目のみで構成されていることが望ましいと述べていることになる。この点のエビデンスは，阪神データの分析を共同で報告した論文「製品原価計算の設計原理」[56]で提供されている（新井ほか，2009）。論文中においては，原価計算の目的の1つとしてタスク・コントロールについて議論している（論文中は「課業管理」と呼称）。実務家が，原価計算にタスク・コントロール機能を期待している場合，その原価計算の特徴は次の2点となる。これは，新井ほか（2009）の発見事実の3と6に該当している（p. 66）。

1．製品原価の範囲は，タスク・コントロール目的の利用とは負の関係にある
2．工場長に対して原価情報を報告することは，タスク・コントロール目的の利用と正の関係にある

---

[56]　新井康平・加登豊・坂口順也・田中政旭（2009）「製品原価計算の設計原理：探索的研究」『管理会計学』18(1)：49-69。

この分析結果は，『レレバンス・ロスト』における工程管理のための原価計算の特徴と整合的な結果である。まず，1.の特徴は，原価計算にタスク・コントロールを期待する場合，そうではない場合に比べて，製品原価情報に含める費目[57]を少なくする傾向があるということだ。これは，管理不能な費目を排除すべきという『レレバンス・ロスト』の議論と整合的である。また，2.の特徴は，センター長に原価情報を提供するという実務が，実際に確認されることを示している。

　ここまでの議論を踏まえると，『レレバンス・ロスト』で議論された内容，そしてその後の展開は，本書の主たる関心であるリーン生産下でのタスク・コントロールのための生産管理会計とは，あまり関連がなかったといえる。これは，そもそもタスク・コントロールのためには，多くの間接費を配賦して計算される製品原価情報は，一貫して不適切であるという主張からも明らかだろう。しかし，本書の目的を超えるために，ABC そのものがタスク・コントロール以外の目的に有用かどうかについては本章では検討していない[58]。現在，意思決定目的に特殊原価調査のよ

---

[57]　調査においては，多様な原価計算が実施されている状況を踏まえて，原価計算基準では想定していない費目も原価計算に含まれているのかを問うている。具体的には，材料費（100％），労務費（95％），外注加工費（92％），消耗品費（92％），水道光熱費（88％），償却費（85％），工場事務・管理費（81％），保険料（61％），物流費（44％），本社管理費（22％），販売費（15％），金利（15％）である。（ ）内は調査の結果として判明した，製品原価へ含んでいる工場・事業所の割合である。

[58]　なお，配賦計算を行う伝統的な原価計算の例としては個別原価計算がある。新井ほか（2009）によれば，個別原価計算は，第2章で述べた「予算管理目的」と正の関係にある。このエビデンスを踏まえると，ABC は個別原価計算と同様に配賦計算を行う計算手法であるので，図表補−2にあるように，予算策定や予算統制，投資の意思決定など，タスク・コントロールより上位の管理手段と適合的な可能性もある。もちろん，個別原価計算よりも計算量の多い ABCが個別原価計算と同様に機能するとは限らず，本文中で述べたように特殊原価調査的な利用のみが適合的な可能性もあるだろう。

うにスポット的に ABC を利用する企業があるのかどうか，それがどのような帰結を企業にもたらすのかについては，さらなるエビデンスが待たれると言ってよいだろう。

6　ABC のその後の展開

　すでに本章の結論は出ているが，ABC のその後の展開について簡単に触れておきたい。というのも，すでに ABC の登場から30年程度たっており，コストドライバーの測定を簡便にする方法の誕生や，逆にそのロジックを精緻化・複雑化した原価計算の誕生がみられるからである。これらについても，タスク・コントロール目的には不向きである点を検討しておこう。なお，本節の検討は，早稲田大学の目時壮浩らによるレビュー論文である「間接費配賦の理論的基礎」[59]を参考にしている（目時ほか，2016）。

　目時ほか（2016）では，まずアメリカ会計学会が研究内容を研究者だけでなく実務家向けにも解説するジャーナルである『アカウンティング・ホライゾンズ』にアイオワ大学のラムジ・バラクリシュナンらが掲載した論文である「意思決定支援のための製品原価」[60]についての議論から開始している（Balakrishnan et al., 2011）。この論文は，アメリカ会計学会より，「管理会計実務への影響のある論文賞(Impact on Management

---

59　目時壮浩・庵谷治男・新井康平・妹尾剛好・福島一矩（2016）「間接費配賦の理論的基礎：文献レビューを通じた検討」『武蔵大学論集』64(I)：1 - 9 。

60　Balakrishnan, R., Labro, E., and Sivaramakrishnan, K. (2011) "Product costs as decision aids : An analysis of alternative approaches (Part I)" *Accounting Horizons*, 26(I), 1-20. および，Balakrishnan, R., Labro, E., and Sivaramakrishnan, K. (2011) "Product costs as decision aids : An analysis of alternative approaches (Part 2)" *Accounting Horizons*, 26(I), 21-41.

Accounting Practice Award）」を2013年に授与されており，実務的にもインパクトのある論文であった。Balakishnan et al.（2011）や目時ほか（2016）では，すでに本章で検討を加えた伝統的な原価計算とABCだけでなく，時間主導型活動基準原価計算（Time-Driven Activity-Based Costing：TDABC）と資源消費会計（Resource Consumption Accounting：RCA）のそれぞれの配賦方法について検討が行われている。

　Balakrishnan et al.（2011）および目時ほか（2016）に基づいて，TDABCとRCAについて簡単に確認しよう。TDABCでは，資源ドライバーを利用した活動単位でのコストの配賦作業が省略されているという大きな特徴がある。つまり，伝統的な原価計算やABC，あるいはこの後に述べるRCAとは根本的に異なる計算ロジックを採用している。その計算プロセスでは，各資源について，各資源の実際的生産能力に基づきキャパシティ費用率を計算し，各原価計算対象ごとに時間方程式を算出し，その時間方程式に基づいて配賦を行うというプロセスを経る。原価計算対象に関連するタスクの所要時間さえわかれば時間方程式に基づいて即座に原価が算出されるという特徴がある。また，時間方程式に従って配賦されきれなかった資源については，「未利用のキャパシティ」として製品別ではなく総額として認識されるという特徴もある。

　TDABCにおいては，資源についてのキャパシティ費用率さえ求めればよいという点から，ABCのような2種類のコストドライバーを計算する必要がない。そのため，計算の実施が大幅に簡便化されているといってよい。しかしながら，目時ほか（2016）によると「TDABCの有効性を学術的に頑健なエビデンスに基づいて明らかにしている研究は存在していない」という（p.6）。TDABCにおいて簡便化された計算プロセスが，ABCでは達成できなかった費用対効果を実務にもたらしているかどうかは，未だ不明なのである[61]。

　TDABC が ABC の計算プロセスを簡便化したのに対して，ABC の計算をさらに精緻化・複雑化したのが RCA である。ドイツ限界原価計算の流れと ABC の 2 つの潮流を合わせることで誕生した RCA の特徴として特に重要なのが，資源ドライバーによって活動に集約された原価を，「比例原価」と「固定原価」に分類しそれぞれに異なる配賦割合を用いる点だろう。比例原価は全部原価計算の一環として，すべてが原価計算対象に配賦される。対して，固定原価は理論的生産能力に基づき配賦されるため，現実の操業度がキャパシティに満たない場合，未利用のキャパシティが認識される。RCA はドイツを中心として実務的な関心を集めているが，学術的な関心を集めてはいない。そのため，その効果についてのエビデンスは TDABC と同様に十分ではない。

　ABC に対して真逆のアプローチを行った TDABC と RCA であるが，その特徴として，発生した原価をすべて製品原価に割り当てるという全部原価計算アプローチを採用せず，未利用のキャパシティを認識するなどの共通点もみられる。しかし，ABC と同様に，すべての間接費が，配賦しきれないことはあれど，配賦計算の対象になるためタスク・コントロールには不向きであると考えられる。また，両者によって追加された未利用のキャパシティに関する情報も，現場の管理者にとっては管理不能な情報である可能性が高いため，やはりタスク・コントロールと適合的なシステムであると考えるのは難しいのではないだろうか。

61　TDABC の研究については，東洋大学の庵谷治男によって網羅的なレビューがなされているので，あわせて参照されたい（庵谷治男（2015）「TDABC 研究の体系化と方向性：国内研究及び海外研究のレビューを中心に」『メルコ管理会計研究』8（1）：17-36）。

7　小　　括

　本章では，『レレバンス・ロスト』の指摘の概要と，その後の ABC の登場，そして ABC に関連するエビデンスを確認した。重要な点は，ABCは国内外で普及が進んでいないし，その成果についても不明確である点，そもそも ABC がタスク・コントロールでの利用を想定してはいなかった点であろう。タスク・コントロール目的の場合，製品原価情報に含まれる費目が減少するというエビデンスは，間接費の配賦を含んだ製品原価情報が，現場では管理不能な情報を含むために望ましくないという，『レレバンス・ロスト』以来の伝統的な主張を支持している。

第4章

リーン生産下における
非財務情報の優越

　第4章では，いよいよリーン生産の発生論と機能論を議論する。本書では，第1章の序論で生産管理の発展経緯を概観し，第2章ではリーン生産以前に展開した生産管理会計を日本企業における標準原価計算を中心に確認した。また，第3章では，『レレバンス・ロスト』という管理会計研究上重要な転機が，タスク・コントロールに関連する生産管理会計の視点からは，特に影響を与えるものではないことも確認した。

　続く本章では，生産管理会計に大きな影響を与えたリーン生産におけるタスク・コントロールについて検討を行う。この影響は，生産管理会計のあり方を変容させるというよりは，生産管理会計を排除する形で進められた。なぜ，少なくとも初期のリーン生産は生産管理会計を避けたのか。本章では，第2章と同様に，発生論と機能論の枠組みから，この問題を検討しよう。

1　JIT 生産の発生論

　JIT 生産システムあるいはトヨタ生産方式は，トヨタ自動車によって開発された生産システムであり，すでに第1章で確認したように学術的には「リーン生産（lean manufacturing）」として概念化された。ここでは，東京大学の藤本隆宏が1997年に出版した著書『生産システムの進化論』[62]をもとにリーン生産の実際の事例であるところの JIT 生産システムの発生論を整理する（藤本，1997）。さらに発生の動機については，トヨタ生産方式の「発明者」[63]，あるいは「創始者」[64]である大野耐一が1978年に出版した『トヨタ生産方式』[65]をもとに検討する（大野，1978）。

　藤本（1997）による JIT 生産システムの発生論の研究は，歴史的事例を素材としてシステムの「創発過程および進化能力の存在」を論じたものである（藤本，1997，p.52）。システム創発を「合理的計画」，「環境制約」，「企業者的構想」，「知識移転」といった経路のパターンに分け，「ジャストインタイム」，「多工程待ち，多能工化，製品別工程レイアウト」といった事例をこれらのパターンに当てはめることによって生成を論じている。そのうえで，「システムの発生・進化の要因は複合的であり，またそのパターンはどのケースをみても多様である」と結論付けている（藤本，1997，p.79）。豊田喜一郎の企業者的ビジョンや大野耐一のシステム化

62　藤本隆宏（1997）『生産システムの進化論：トヨタ自動車にみる組織能力と創発プロセス』有斐閣。

63　Liker, J.K. (2004) *The TOYOTA Way*, The McGraw-Hill Companies, Inc.（稲垣公生訳（2004）『ザ・トヨタウェイ上下』日経 BP 社）による。

64　門田安弘（1991a）『新トヨタ・システム』講談社による。

65　大野耐一（1978）『トヨタ生産方式：脱規模の経営をめざして』ダイヤモンド社。

のアイデアのほかにも，日紡をはじめとした繊維業界からの知識移転，フォーディズムに基づく工程同期化思想の移転，狭小な市場制約などによる在庫累積などが，システム進化の要因であった。このような，複合的な要因を持つシステム進化について，「それぞれの事例がどのような進化経路をたどって形成されるかを事前に予見することは困難」であるとも述べている（藤本，1997，p.81）。

　多様な経路により発展した JIT 生産システムだが，大野（1978）では創始者自身の手により JIT 生産システムの説明が行われている。彼自身の生産に関する哲学は，ムダの排除であった[66]。特に，「企業のなかのムダは無数にあるが，つくり過ぎのムダほど恐ろしいものはない」という（大野，1978，p.28）。JIT 生産システムの基本的な発想は，この「つくり過ぎのムダ」の排除を目指している。そして，「ムダを徹底的に排除する」ための基本的な考え方として以下の2点を挙げている（大野，1978，p.36）。

　1点目は，能率の向上についてである。「能率の向上は，原価低減に結びついてはじめて意味がある」。そのためには，「必要なものだけをいかに少ない人間で作り出すか，という方向に進まなければならない」ということである。

　2点目は，「能率を一人一人の作業者，そしてそれが集まったライン，

66　1950年の豊田英二をはじめとするトヨタ幹部によるフォードの工場見学のときに，彼らは大量生産固有の欠陥を発見した（Liker，2004）。この欠陥とは，分断された工程と，工程間に大量に滞留する仕掛品であった。このような経験から，大野耐一は JIT 生産システムの基本的な哲学にたどりつく。詳しくは，Liker（2004）の第2章を参照されたい。また，このような哲学を実践するために具体的な仕組みとしてのカンバンを開発したキッカケについては，Womack et al.（1990）の第2章を参照されたい（Womack, J.P., Roos, D., and Jones, D. (1990) *The Machine That Changed the World*, Perennial（沢田博訳（1990）『リーン生産方式が，世界の自動車産業をこう変える。』，経済界）。

さらにはラインを中心とする工場全体という目で見ると，それぞれの段階で能率向上がなされ，その上に全体としても成果が上がるような見方，考え方で能率アップが進められなければならない」ということである。発生論的な視点からは，この2点がシステム生成の動機であると考えることができるだろう。

　しかし，なぜ既存の生産管理，特に我々の関心である生産管理会計は，この動機を満たすことができなかったのだろうか。彼自身は「計算上では単価がかなり安く出来る」[67]ことを批判し，これが「つくり過ぎのムダ」をうみ，「見かけの能率アップ，つまり計算上の能率アップ」を促進してしまうことを危惧している（大野，1978，p.109）。ここで，「計算」とは単価を求めるための原価計算と推測できる。つまり，原価計算が提供する能率の情報では，見かけの能率向上しかできない，と主張しているともいえる。なお，原価計算が見かけ上の能率を提供する理由は明記されていないが，これは，固定間接費が配賦された売れ残り在庫を棚卸資産として評価し，損益計算書ではなく貸借対照表に掲載するという計算構造上，「つくり過ぎのムダ」によって計算上は一時的に利益が増加することを指していると推察される。なお，原価計算が「つくり過ぎのムダ」を生むメカニズムの詳細は，第6章で検討する。

　以上，藤本（1997）と大野（1978）をもとに，JIT生産システムの発生論的な知見を整理しよう。たった2つの文献のレビューだが，得られた知見は少なくないし，いずれも興味深い。特に，藤本（1997）は1つの生産システムの生成要因を体系的に分析した数少ない研究としての貢献は大きい。大野（1978）と藤本（1997）から得られた知見をまとめると，以下の3点となる。

67　大野は，取引関係にある会社の焼入れ工場の生産状況を批判してこう述べている（大野，1978，p.119）。

1．JIT 生産システムの発生要因は,「企業者的構想」から「環境制約」,「知識移転」など多岐にわたる要因の合成である。

2．JIT 生産システムの創始者である大野耐一に注目すれば, 彼は生産システムの目的をムダの排除, 特につくり過ぎのムダの排除と考えた。

3．既存の配賦と棚卸資産の評価を行う原価計算では, つくり過ぎのムダを克服することはできなかったことは, JIT 生産システムの生成の動機の1つである。

　会計的な視点から JIT 生産システムが財務情報を主要な情報として用いずに生産管理を行った理由を整理しよう。それは, 財務情報, ここでは原価計算システムが提供する原価情報は大野が考えた生産システムの目的に対して, 有用な情報を提供しないどころか,「見せかけの能率」を追求させてしまうという逆機能的なものであったからである。そのため, 大野をはじめとするトヨタの技術者は, 会計情報に頼らない生産システムを構築することになったといえる[68]。

68　これは, JIT 生産システムが全く会計情報を用いた生産管理をしていないということではないようだ。確かに,『レレバンス・ロスト』をキャプランとともに執筆したジョンソンによる著書では JIT 生産システムにおける会計情報の利用を非常に限定的に捉えている（Johnson (1992) *Relevance Regained from top-down control to bottom-up empowerment*, The Free Press.（辻厚生・河田信訳 (1994)『米国製造業の復活：「トップダウン・コントロール」から「ボトムアップ・エンパワーメント」へ』中央経済社））。しかし, トヨタの原価管理でも原価計算は機能しており（門田安弘 (1991b)『自動車企業のコスト・マネジメント：原価企画・原価改善・原価計算』同文舘出版）, トヨタですら生産管理に会計情報を全く用いていないということはない。それでもなお, JIT 生産方式においては会計情報ではなく非財務情報が重要な役割を持っていると主張することができる。詳しくは, 次節以降の議論を参照されたい。

2　JIT 生産システムの構造

　引き続き，大野（1978），Liker（2004），そして門田（1991a）[69]などの文献に基づいて，リーン生産の実際の事例である JIT 生産システムの構造を確認していこう。JIT 生産の基本的な概念は，「自働化」と「ジャストインタイム」である。

　「自働化」とは，「自動的に不具合を監視ならびに管理するメカニズム」である（門田，1991a）。これは，不良品が前工程から後工程に流れるのを防ぐ仕組みである。

　「ジャストインタイム」とは，「必要なものを，必要なときに，必要なだけ」作るという考え方である（大野，1978）。「どのような種類の部品がどれだけの量必要であるかは『かんばん』と呼ばれる下げ札状のカードに書かれる」ので，工程間の調整は以下のようにされる（門田，1991a, p.49）。つまり，後工程が前工程に必要な量だけ取りに行き，次いで前工程は，引き取られた部品を補充するため引き取られた分だけの部品を生産する。この方式が，「プル・システム」である。

　このカンバンによるプル・システムは，いくつかの前提条件に支えられている。まず，工程間の調整システムであるプル・システムを支えている前提条件の「平準化」について述べ，またもう 1 つの前提条件である「自働化」がなぜジャストインタイムと並ぶ基本的な概念なのかをまとめる。次に，カンバンを利用した工程間の調整の仕組みを明らかにする。そして，JIT 生産システムにおける生産管理会計の利用状況を確認するために，門田（1991a）をもとにトヨタ自動車における標準原価計算の

69　門田安弘（1991a）『新トヨタ・システム』講談社。

役割を明らかにする。

　まず，平準化と自働化について確認しよう。平準化とは，「かんばんを利用した生産にとっても，また労働力と設備の遊休時間や，仕掛品の在庫を最小限にするうえでも，一番重要な前提条件になる」概念である（門田，1991a，p.53）。つまり，平準化とは，最終組み立てラインが各種製品を毎日サイクルタイムに従って均等の量を作っていくことが可能となるように，すべての工程を適切に設計する，ということである。このとき，部品ラインでの引取量におけるバラツキは最小限に抑えられ，部品ラインも一定量の生産を維持できる。この平準化は，段取り替え時間の短縮と機械レイアウトの効果的設計，作業の標準化，多能工化が要となる[70]。

　次に，自働化の概略を説明する。いくら生産が平準化されたといっても，部品の品質が悪かったらジャストインタイムに部品を届けることができなくなる。このような事態を避けるための不良品の発生を防止する品質管理の仕組みが，自働化である。自働化では「機械や生産ラインで不良品が量産されることを防止する手段を，機械のメカニズムにビルトイン」するので，これは「各工程における異常の自動的チェック装置」となる（門田，1991a，p.61）。

　平準化や自働化といった前提条件が成立しているとき，つまり，工程ごとの生産能力が適切で，かつ品質不良の製品が自動的に排除される仕組みがあるとき，カンバンを利用したジャストインタイムな生産が実行できる。カンバンは，JIT 生産システムを運用するうえでの工程間の情報伝達の手段である[71]。そこでは，工程間の引取量と生産量に関する情報が伝達される。このカンバンの情報に従うと，「必要な部品の，必要とされ

70　平準化の具体的な実践方法は門田（1991a）の pp.53-60および，Liker（2004）の邦訳 pp.176-202と pp.218-241を参照されたい。

る時期と数量は最終組み立てラインしか正確には承知していないから，最終組み立てラインが前工程に行って，車の組み立てに必要な部品を，必要な時に，必要な量だけ受け取ることになる」（門田，1991a，p.69）。

　以上，JIT 生産システムの基本的な管理の構造をみてきた。そこでは，財務情報やそれらと関連付けられた非財務情報が管理に用いられていない点に注目すべきだろう。この生産システムにおいて最も核となる工程間の調整は，カンバンといった財務情報と結びつかない非財務情報を用いた管理が行われていたのである。

　ところで，JIT 生産システムでは，標準原価計算は本当に行われていないのだろうか。門田（1991b）では，ともに JIT 生産システムを実践するトヨタとダイハツにおける原価計算の利用の状況についてケーススタディを行った。このケーススタディによって，JIT 生産システムと従来の原価計算の関係が，標準原価計算に限らず実際原価計算といった範囲にまで明らかにされた。「結果的には製品原価はドンブリ勘定でみて実績見込み原価になってしまうわけである」（門田，1991b，p.10）という文章が端的に示しているように，トヨタでは標準原価計算[72]を管理目的全般に使用してはいない。また，「車種別の製品原価を正確に把握するために，原価差額を製品別に配賦するということは行っていない」（門田，1991b，p.14）とあるように，車種別の損益計算は直接費が中心でありそれほど精度の高いものではない。この車種別の損益は 8 月末と 2 月末の年 2 回の決算期の後，営業部に報告されるが，これは管理会計目的のためである。ただし，このような報告頻度からでも，第 2 章でみたように，タスク・

71　「カンバンと呼ばれるカードや空の容器や空の台車による単純な補充シグナル」（Liker，2004，p.207）とあるように，カンバンは実際には多様な形態をとる。

72　トヨタでは標準原価計算を「基準原価計算」と呼んでいるという。

コントロールというよりは予算管理目的での利用といえよう。

　ただ，トヨタでは原価情報が原価改善に用いられることがある。この原価改善では，標準原価ではなく実際原価を用いる。実際原価の改善部分を目標値として示すのだが，これは差額原価が使われる（門田，1991b，p.16）。つまり，原価改善額そのものが目標値となる。なお，原価改善の具体的な方策とは，「かんばん方式によって間接的には原価改善がもたらされることになり，これがトヨタ生産方式による原価改善の主なルートになる」という（門田，1991b，p.22）[73]。ダイハツでも原価計算はトヨタとほぼ同様の役割のようである。門田（1991b）によれば，JIT 生産方式の下でも，財務会計目的のための標準原価計算ないし実際原価計算は実施されている。だが，「原価管理目的からする標準原価管理方式が後退して，JIT の現場管理のもとでフィジカルな目標管理システムが活用されている」ようだ（p.84）。

3　JIT 生産の機能と非財務情報利用のエビデンス

　藤本（1997）では，JIT 生産システムが持つ事後的な競争合理性の包括的な検討が行われた。そして，「理念型としてのトヨタ的開発・生産方式の競争能力（組織ルーチン）そのものの特徴」（藤本，1997，p.24）として，以下の 3 点を挙げた。

73　トヨタは原価改善の効果を有価証券報告書内で報告するという実務を行っている。例えば，2019年 3 月決算では，原価改善の努力による利益への貢献は800億円（VE による設計面での原価改善が250億円，工場・物流部門などにおける原価改善が550億円）と報告されている。

1．トレードオフの克服：

生産における生産性，製造品質，生産リードタイムの競争優位は同時に達成し，また，開発における生産性，設計品質（商品力），開発リードタイムの競争優位を同時に達成した。

2．フレキシビリティ：

製品の変化と多様性（モデルミックスの多様性，生産総量の変動，モデルチェンジなど）に対する柔軟な対応を，最小限のコスト・アップで対応した。

3．組織学習と改善：

生産性向上，品質改善，その他の製造問題の解決を継続的かつ全社的に行う，ある種の組織学習メカニズムがビルトインされていた。

この競争能力は，生産システムだけでなく製品開発にまで踏み込んだものであり，一概に JIT 生産システムの競争優位性とは言えないが，JIT 生産システムの特徴をよく表している。これらはリーン生産の機能といっても差し支えないものだろう。

これらの指摘を踏まえて，特にリーン生産が標準原価計算の問題点を非財務情報の利用によってどのように克服したのかに焦点を当てて検討しよう。工程間の調整は，カンバンによって行われているため，仕掛品・在庫の削減が促進されたことになる。仕掛品・在庫の削減は，次の3つの意味で重要だった。それらは，仕掛品・在庫そのものの費用の削減，仕掛品・在庫に伴う費用の削減，品質問題の顕在化，である（門田，1991a；藤本，1997；Womack et al., 1990；Liker, 2004）。仕掛品そのものの費用の削減とは，文字どおり，仕掛品や在庫がないときは発生しなかった費用を減らすことができるというものである。仕掛品や在庫の総量の増加は，もしその製品が売れ残ればその製品の製品原価もムダになってし

まう。これは，トヨタでは「最悪のムダ」と考えられている（門田，1991
b，p.44）。仕掛品・在庫に伴う費用の削減とは，仕掛品・在庫が発生して
しまったために，新たに発生する費用の削減である。具体的には，余分
な倉庫や，余分な運搬者・設備，余分な在庫管理者・品質維持者といっ
た費用を削減することができる（門田，1991a，pp.44-45）。品質問題の顕
在化とは，仕掛品と在庫がほとんどないときは，より早く品質問題が顕
在化するようになったことを指す。例えば，「作業員が問題を先回りして
解決策を探らなければ，工程全体がすぐストップしてしまう」ので，作
業者はより品質に気をつけるようになった（Womack et al., 1990, 邦訳
p.72）。このような生産管理上の有用性は，リーン生産における標準原価
計算の逆機能を克服するのに十分だったといえる。

　では，リーン生産下での非財務情報利用のエビデンスについてはどう
だろうか。リーン生産に関する研究の網羅的なレビューは提供されてい
ないため，リーン生産の主要な要素と関係した個別の研究のいくつかを
確認していこう。

　ともに会計学の大御所ともいえるスタンフォード大学のジョージ・
フォスターとチャールズ・トーマス・ホーングレンが1988年に『ジャー
ナル・オブ・コスト・マネジメント』誌に掲載した論文「柔軟な製造シ
ステム：原価計算と原価管理への示唆」[74]は，FM（Flexible Manufacturing
Systems）を採用している企業におけるコスト・マネジメントと原価計算
の実態についての調査を行った古典的な研究である（Foster and
Horngren, 1988）。ここでのFMは，「柔軟な組み立てシステム（flexible

74　Foster, G., and Horngren, C.H. (1988) "Flexible Manufacturing Systems : Cost
Management and Cost Accounting Implications", *Journal of Cost Management*,
1998/fall : 16-24.

assembly）」，「柔軟な製造システム（flexible fabrication）」，「柔軟な機械
加工（flexible machining）システム」，「柔軟な溶接加工（flexible welding）
システム」という4つの要素からなるとしている。実際の調査における
FMの判断基準は，FMのためのシステムへの投資が5百万ドル以上か
否かという基準と，それが生産ラインの10％を超えるかという基準を用
いた。このFoster and Horngren（1988）の調査結果は，FMを採用し
ている企業での生産管理会計に用いられる業績指標が，時間，品質，効
率性，柔軟性などの非財務情報に焦点を当てたものになったというもの
である。

　多様な方法論で管理会計研究の厳密化，高度化を進めるテンプル大学
のラジブ・D・バンカーらによる『ジャーナル・オブ・マネジメント・ア
カウンティング・リサーチ』誌に掲載された論文「生産業績指標の労働
者への報告」[75]も，先のFoster and Horngren（1988）と同様に，現代の
製造システムにおける業績指標の選択についての経験的な調査を行った
（Banker et al., 1993）。しかし，その調査方法はFoster and Horngren
（1988）のそれに比べさらに厳密な調査であった。BankerらはJITや
TQMを「新しい製造実務（new manufacturing practices）」と呼び，そ
れぞれの仕組みをオリジナルの尺度を開発して測定していた。調査結果
として，JITやTQMといった新しい製造実務では，品質情報や生産効
率などの非財務情報を現場の工員に伝達することを明らかにした。

　現代管理会計研究のスター研究者であるペンシルベニア大学のクリス
トファー・D・イットナーとスタンフォード大学のデビッド・F・ラーカー
らが『ジャーナル・オブ・アカウンティング・リサーチ』誌に発表した

75　Banker, R.D., Potter, G., and Schroeder, R.G. (1993) "Reporting Manufacturing
　　Performance Measures to Workers : An Empirical Study", *Journal of Management
　　Accounting Research*, 5 : 33-55.

論文「TQM と情報及び報酬選択」[76]は，リーン生産における品質管理の
代表例である TQM（Total Quality Management）と生産管理会計の情報
選択や報酬システムの関係を調査した（Ittner and Larcker, 1995）。彼ら
は TQM を「製品品質の絶え間ないシステマティックな改善に焦点を当
てた，企業の全体に及ぶ哲学と問題解決の方法論」と定義した。調査は
日本，アメリカ，ドイツ，カナダの自動車会社およびコンピュータ製造
業に送付され249社からの回答を得たという。彼らは，TQM の実施の測
定に際して41の質問を実施したが，これらは以下のような12の因子に収
束した（p. 7）。

1. 品質管理の訓練はトップマネジメント，ミドルマネジメント，現
   場の責任者，あるいは管理職ではない従業員などから教わる
2. 従業員は顧客関係の意思決定についての権限を委譲されている
3. 部門と部門横断的な品質改善のためのチームに所属している
4. プロセス改善のためのツールを組織が採用している
5. 製品開発に消費者が参加している
6. 製品開発において消費者が重要な役割を果たす
7. 製品開発においてサプライヤーが重要な役割を果たす
8. 品質保証部門が品質管理教育などを実施する
9. 品質責任を負う
10. 製品開発において部門横断的なチームを採用している
11. 提案制度を実施している
12. サプライヤーの選択では，価格よりもその他の要素を重視する

76　Ittner, C.D., and Larcker, D.F. (1995) "Total Quality Management and the Choice
　　of Information and Reward System", *Journal of Accounting Research*, 33 : 1-34.

調査結果として，これら TQM の高い度合いでの実施の下で，業績指標や報酬システムはチーム業績および非財務指標に重点を置くことが明らかになった。

　また，これらリーン生産下における非財務情報の利用が，高いパフォーマンスと関係しているというエビデンスも提供されている。ユタ州立大学の名誉教授であるローズマリー・R・フラートンらが『インターナショナル・ジャーナル・オブ・オペレーションズ・アンド・プロダクション・マネジメント』誌に2010年に発表した論文「リーン生産，非財務指標，財務業績」[77]である。彼女らは121のアメリカ製造業の製造部長（manufacturing executives）から得られた質問票に基づいて，統計的な分析を行った。その結果，「工程レベルでの従業員を巻き込んだ問題解決の導入」が「段取時間の削減」，「セル生産方式の導入」，「品質改善」の3項目に影響しており，これらは非財務情報（棚卸回転率，設備停止時間，仕損，段取時間，スループット時間など）の利用に影響し，結果として，これらの非財務情報の利用を通じて利益の向上に結びついていたという。

　なお，非財務情報，特に品質情報の利用についての懸念を表明した研究も存在する。トロント大学のジェフェリー・L・カレンらが『コンテンポラリー・アカウンティング・リサーチ』誌に掲載した論文「生産性の測定と工場業績，JIT 実施度の関係」[78]は，カナダ国内の61の工場・事業所を対象とした質問票調査に基づいた研究である。基本的には JIT 生産

77　Fullerton, R.R., and Wempe, F.W. (2008) "Lean Manufacturing, Non-Financial Performance Measures, and Financial Performance", *International Journal of Operations & Production Management*, 29(3): 214-240.

78　Callen J.L., Morel, M., and Fader, C. (2010) "Productivity Measurement and the Relationship between Plant Performance and JIT Intensity," *Contemporary Accounting Research*, 22: 271-309.

と非財務情報の利用が高い成果を挙げていることを明らかにしている。ただ，JIT 生産の採用と品質情報の採用が，生産性と収益性の双方を低下させてもいたという。その原因として，おそらくは市場が期待する以上の品質水準を達成するための過剰投資が行われた可能性が指摘されている。この論文は，非財務情報の利用の廃止を提案するものではなく，その利用においては一定の注意が必要であると指摘したものといえるだろう。

　これらの研究以外にも，1990年代から2000年代に日本を含め各国で実施された多くの調査が，リーン生産の特徴と非財務情報の利用に関係があることを報告している[79]。これは，日本以外のリーン生産を実施している工場・事業所においても，標準原価計算を中心とした生産管理から非財務情報の利用に焦点が移動していったことを示唆している。

4　リーン生産における生産管理会計の役割

　このように，リーン生産と非財務情報の利用については頑健なエビデンスが存在しているが，近年，リーン生産と財務情報，特に原価情報ではない「利益情報」についての新しいエビデンスも提供され始めている。我々が阪神データに基づいて『ジャーナル・オブ・アカウンティング・アンド・オーガニゼーショナル・チェンジ』に掲載した論文「生産管理における利益情報の利用：日本の工場のエビデンス」[80]によると，リーン

79　その他の論文については「はじめに」で紹介した筆者の博士論文第2章を参照されたい。

80　Arai, K., Kitada, H., and Oura, K. (2013) "Using Profit Information for Production Management : Evidence form Japanese Factories", *Journal of Accounting & Organizational Change*, 9(4) : 408-426.

生産における重要な要素である工程間の調整の程度である「相互依存性」が上昇すると，利益情報がより利用されることを明らかにしている。「多能工化」が非財務情報の利用を促進することとセットで確認されたこの事実は，リーン生産では非財務情報一辺倒の業績評価ではない可能性が示唆されている。つまり，これまで確認してきたように原価情報の利用がみられなくなるという特徴について，多くの研究は非財務情報の利用による代替として議論してきたが，これは生産管理会計が利用されていないことと単純にイコールで考えてよいわけではないのかもしれない。

　同様のエビデンスは，同じく『ジャーナル・オブ・アカウンティング・アンド・オーガニゼーショナル・チェンジ』に掲載されたグリフィス大学のロクマン・ミアらの論文[81]でも示唆されている。彼らはオーストラリアの97の製造部長（manufacturing manager）を対象とした質問票調査を実施し，特に競争が激しいとき，JIT生産システムの効果は，管理会計情報によって，より促進されることが示された。ここでの管理会計情報は，原価情報だけではない包括的な情報である点に特徴があるという。

　このようなリーン生産における新しい生産管理会計の可能性についての詳細は，次章で確認することにしよう。代表的なものは，京セラのアメーバ経営である。

5　小　　括

　本章においては，リーン生産における生産管理会計の特徴を，主には

81　Mia, L., and Winata, L. (2014). Manufacturing strategy and organisational performance : The role of competition and MAS information. *Journal of Accounting & Organizational Change*, 10(1), 83-115.

JIT 生産システムを例に検討してきた。そこでは，発生論的視点から原価情報が忌避される背景を，「つくり過ぎのムダ」を生みやすいためであるとし，実際に，機能論的視点から非財務情報が多用されているエビデンスを確認した。もはやリーン生産下では生産管理会計は風前の灯火のようなものであると結論付けられそうではあったが，近年のエビデンスは，リーン生産下における利益情報の利用も示唆している。そこで，次章では，この利益情報の利用に関する議論を概観する。

第 **5** 章

「利益情報」というもう1つの選択

　前章の最後に確認したように，少なくとも1980年代までに，リーン生産において利益情報を用いる経営実践が日本企業において誕生した。これは，キャプランとともに ABC を提案したロビン・クーパーの著書『リーンな企業が競争するとき』によって MPC（microprofit center の略称）として類型化された[82]。本章では，このような MPC と呼ばれる利益情報を積極的に採用する生産管理会計のレビューを行う。レビューの構造は前章と同様であり，まず，発生論的な視点からシステム生成の動機などを明らかにする。そのうえで，MPC の構造，機能と逆機能を明らかにする。

82　Cooper, R. (1995) *When Lean Enterprises Collide : Competing through Confrontation*, Harvard Business School Press.

1　MPC の発生論

　MPC は，工程のような比較的小さい単位を利益責任単位としたものである。また，MPC を用いたマネジメントそのものを，以降は単に MPC と呼ぶ。MPC 自体の研究は，次節で検討するように1990年代以降に行われたものが多い。そのため，それらの史的展開を研究した例はこれまでほとんどなかった。しかし，一橋大学の挽文子の著書『管理会計の進化：日本企業にみる進化の過程』[83]において MPC の代表例である京セラのアメーバ経営の進化過程が明らかにされているし（挽，2007），そのシステムの設計者である稲盛和夫による文献でも生成の動機などを明らかにすることができる。ここでは多様な MPC の１つであるアメーバ経営の生成・進化に焦点を合わせ，その生成・進化について発生論的な探求を行う。

　挽（2007）は，時間当たり採算という当初製造部門で生成した仕組みが様々な職能へ広がる過程を明らかにした。そこでは，製造アメーバにアメーバ経営が導入された当時から京セラ会計学が成立していたというよりは，「経営哲学に基づく会計学を実践させるルールや組織が次第に整備されたことに伴って，導入当時にはなかった機能を発揮」することとなったと，結論付けている（挽，2007，pp.285-286）。

　それでは，アメーバ経営を実際に考案した稲盛和夫は，どのようにその発生を語っているのだろうか。『稲盛和夫の実学』[84]によると，彼がアメーバ経営を考案した動機の１つは，既存の会計システムに対する限界

83　挽文子（2007）『管理会計の進化：日本企業にみる進化の過程』森山書店。
84　稲盛和夫（1998）『稲盛和夫の実学：経営と会計』日本経済新聞社。

を克服するためだった。彼が認識した既存の会計システムが持つ限界と
は，おおよそ資産の評価に関わるもの，つまり経営的に価値がないもの
を評価してしまう会計システムについてのものである。

　具体的に既存の標準原価計算に対して，2 つの問題点を指摘している。
1 点目は，生産管理上の焦点が「個々の製品の原価」に集中してしまう
という点である。つまり，「（生産管理上の）主役は最小の経費で最大の売
上をもたらすような知恵を絞る『人』の集団」(p.129) であるという思想
から，人を単に人件費とみなすのではなく，経営者と同様に利益を生む
存在とし，プロフィットセンターへ転換した管理を行うことになる。2
点目は，仕掛品を評価してしまうという点である。つまり，稲盛は「製
品は，客先に出荷できる状態にして初めて」市場価値を生むものと考え
たのに対して，「通常の会計上は製造途中の仕掛品も完成品と同じように
その原価で評価」されてしまうことを問題視したのだ (p.130)。後者の仕
掛品の評価の問題は，「資産か費用か」という問題として，標準原価計算
にかかわらずアメーバ経営で既存の会計に対する疑問点として提示され
ている。例えば，「キャッシュベースで経営する」（稲盛，1998，第 1 章）
や，「セラミック石ころ論」（稲盛，1998，p.82）などはその典型である。

　また，標準原価計算のような伝統的な生産管理会計に限らず会計全体
に対しては，経営管理目的の会計データの遅延を危惧している点にも注
意が必要である。つまり，「いかに正確な決算処理がなされたとしても，
遅すぎては何の手も打てなくなる」ので，アメーバ経営ではデータの適
時性が重視される。

　これらの動機は，前章で確認した大野耐一が JIT 生産システムを構築
した動機と，相当程度重なっており興味深い。つまり，MPC であれ JIT
生産システムであれ，伝統的な生産管理会計である標準原価計算の限界
を克服しようという生成動機を共有していたのである。ただし，JIT 生産

方式は非財務情報によりコントロールを実施していたのに対して，MPC
は会計システムそのものを変革し，あくまで財務情報を中心とした点に
特徴がある。ここに，標準原価管理の限界を克服した2つの生産管理シ
ステムの違いをみてとることができるだろう。

2 MPC の構造：概念の登場

MPC とは何か。本節では，この MPC の基本的な構造と機能を明らか
にするために，先行研究のレビューを行う。すでに述べたように，MPC
という概念をはじめて明示したのは Cooper（1995）である。日本企業に
おけるフィールドスタディによって，彼は MPC というカテゴリーに分
類可能な，ある程度共通の仕組みを持つマネジメント手法を発見した。

Cooper（1995）は，彼自身による日本企業20社の管理会計・原価管理
手法についてのフィールドスタディをまとめたものである。一連の研究
によって競争直面戦略（confrontation strategy）やサバイバル・トリプレッ
ト（survival triplet）といった概念が提示されたり，原価企画や VE（value
engineering）のケースが紹介されたりしている。そして MPC を，日本企
業が原価企画や原価改善といったコスト・マネジメント技法に対してさ
らなるコスト・マネジメントのために採用する技法として，しかも根本
的に異なるコスト・マネジメント技法として定義した。

クーパーによれば，MPC はまずコストセンターをプロフィットセン
ター化することによって，「擬似 MPC（pseudomicroprofit centers）」とな
る。続いて，企業を無数の高度に自律的な単位に分解することによって
「真 MPC（realmicroprofit centers）」となるという。このとき，擬似 MPC
が真 MPC となる条件は以下の3つに集約できるという（Cooper, 1995,
p.280）。

1．プロフィットセンターをマネジメントする技術を持つ人材を特定する能力
2．プロフィットセンターの中間生産物を買う意思を持つ外部顧客の存在
3．プロフィットセンターの中間生産物を外部へ販売しようとする意思

　ヒガシマル醤油やキリンビール，オリンパスはこれらの条件を満たしていないので擬似 MPC に，京セラと大陽工業はこれらの条件を満たしているので真 MPC に分類される。クーパーは擬似 MPC と真 MPC の分類の意義についてどのように考えていたのだろうか。擬似 MPC については，クーパーは導入理由として次の 2 つを挙げている（p.283）。

　1 つは，プロフィットセンター化することによってリーダーやメンバーを，コストと同様に利益に対しても責任を持たせることで，品質や生産性といった要素の改善をうながすということである。

　もう 1 つは，損益に対するインパクトを直接示すことでコスト・マネジメントを促進させるということである。このような効果がある擬似 MPC の例として，ヒガシマル醤油，キリン，オリンパスを挙げている。いずれの企業も従来はコストセンターである工程などをプロフィットセンター化している。3 社ともプロフィットセンターについては月次のサイクルで管理を行っている。しかし，プロフィットセンターは企業の外部と取引する権限を与えておらず，振替価格は（もし存在すれば）市場価格と乖離することになる。これをもって，クーパーは 3 社を擬似 MPC とした。

　擬似 MPC の効果については，先に挙げた導入理由以外にも「最も優れた変化」として，グループをプロフィットセンター化することによって，

むしろグループ間のコーディネーションが促進された点を挙げている（p.301）。それは，各グループが協力することが各グループ単位での利益の向上に結びつくと理解したからだという。具体的なコーディネーションは，仕事の分担やグループ間での原価低減プロジェクトなどである。

　次に，真MPCについてのクーパーの説明を整理する。真MPCは，擬似MPCと異なり企業の外部との取引に関する意思決定の権限が付与されている。このとき取り上げられた真MPCの例は，京セラと大陽グループである。京セラでは「アメーバ（Amoeba）」といわれるMPCを，大陽グループでは実際に分社した法人格を持つMPCを持っている。特に，京セラについては，「アメーバの統廃合の仕組み」，「振替価格の設定方法」，「簡単な原価計算」，「コミュニケーションの維持」，そして「アメーバの業績評価の仕組み」といった側面について説明している。これらの企業の真MPCが，先述の擬似MPCの効果以外に果たす役割は，企業家精神の育成と組織の官僚的側面の削減である（p.326）。そして，組織は大量生産の組織よりも効率的だが，より小さいサイズの組織を構築できる，と主張している。

　このようなクーパーによるMPCの分類には，当初から批判が出ていた。神戸大学の三矢裕が2003年に『會計』誌に発表した論文「ミニ・プロフィットセンター研究のレビュー」[85]は，典型的な批判を行っているので参照しよう（三矢，2003）。主な批判は次の3点である。

　1つ目は，MPCと既存のプロフィットセンターとの相違点を明らかにしていない点である。プロフィットセンターとミニ・プロフィットセンターの境界は何なのかという点や，MPCと類似する経営手法との相

85　三矢裕（2003）「ミニ・プロフィットセンター研究のレビュー：課題と展望」
　　『會計』164(2)：252-266。

違点は何なのかという点が明らかになっていない，という批判である。

　2 つ目は，MPC を原価企画やカイゼン活動に対する「さらなる」コスト・マネジメントと述べている点である。原価企画やカイゼン活動は，MPC とは直接的な関係にはない。

　3 つ目は，MPC の目的が「コスト・マネジメント」にあるのか，「企業家的人材の育成」にあるのか明確ではない点である。どちらとも意図された目的であるにしろ，上位の目的はどちらなのか不明である。

　以上が三矢（2003）による MPC 概念の批判である。1 つ目の批判は，既存のプロフィットセンターである事業部制やカンパニー制とは異なる MPC だが，その異なる点を明示しなかったことについての批判である。この批判については，特に京セラの事例について，京都大学名誉教授である上總康行らが「京セラのアメーバ経営と利益連鎖管理（PCM）」[86]という論文において，利益の連鎖という視点から，プロフィットセンターと MPC の区別が可能な概念モデルを示している。2 つ目の批判は，クーパーがリーン生産の視点に基づいた研究を展開したうえで，避けることのできない批判だろう。つまり，「リーン」なシステムの探求においては，研究関心は無駄なコストをどう低減するのかといったコスト・マネジメントに集中してしまい，MPC の持つ多様な機能を描ききれなかったことによる。3 つ目の批判については，注意すべき点がある。それは，システムを作った行為者がそのシステムに期待した意図のことなのか，それとも客観的に観察可能なそのシステムが果たす機能のことかを分けて考える必要があるということだ。

　このように，MPC の概念についてはいくつかの問題点がある。だが，

86　上總康行・澤邉紀生（2005）「京セラのアメーバ経営と利益連鎖管理（PCM）」『企業会計』57(2)：97-105.

それが既存のプロフィットセンターとは明らかに何かが違う，というこ
とについての批判は少ない。つまり，MPCはただのプロフィットセン
ターではないということについては問題がないといえる。問題なのは，
何が違うのか，という点にあるようだ。これについては，個別のケース
ごとの研究を踏まえたうえで，再度，検討することにしよう。

　また，三矢（2003）は，真−擬似MPCの分類についても批判してい
る。それは，真−擬似MPCを分ける基準のうちの，企業の外部顧客の存
在についての条件である。自律的単位に組織が分割されていれば，内部
顧客しか存在しなくても売上をたてることができて，独立採算が可能に
なるのではないか，という批判である。クーパーはなぜ外部顧客の存在
を重視したのだろうか。これは推測だが，実務的な区分というよりは研
究上のモデル化のための区分かもしれない。あるいは既存の振替価格の
議論にならって，市場価格の有無による振替価格の設定問題を考慮して
の分類かもしれない。いずれにせよ推測の域を出ないが，そもそもこの
区分は果たしてどれだけ意義があるものかについては，やはり再検討す
る必要があるだろう。

　ここまで，初期のMPC研究の概要とその批判をみた。強調すべきは，
真であれ擬似であれMPCという活動が日本の製造業でのユニークな管
理手法でありながら，その嚆矢的研究が海外の研究者らによって行われ
た点だろう[87]。しかし，Cooper（1995）以後は，日本の研究者の手でケー
ス研究によってMPCについての知見が蓄積された。続いて，これら研究

---

[87] なお，クーパー以前に例外的に行われていた研究は，岡山商科大学の浜田和
　樹らによる論文 Hamada, K., and Y. Monden (1989) "Profit Management at
　Kyocera Corporation : The Amoeba System", in Y. Monden and M. Sakurai ed.
　Japanese Management Accounting : A World Class Approach to Profit Manage-
　ment, Productivity Press, 197-210 が知られている。

を確認していこう。

3　MPC の機能論：事例研究の蓄積

　国内の事例研究は，東洋大学の庵谷治男による論文「現場レベルでの利益責任と会計情報」[88]にまとめられているので，この論文に基づいて議論を進める。庵谷(2012)によると製造業における MPC の実践事例とその研究は次の図表 5 - 1 のとおりであった。

図表 5 - 1　MPC の実践事例と利益責任単位

研究対象	利益責任単位
京セラのアメーバ経営	・工程別 ・間接部門
ヒガシマル醤油	・工程別
キリンビール京都工場	・工程別（職場別）
オリンパス光学	・工程別 ・間接部門
NEC 埼玉のラインカンパニー制	・製品ライン別
ハリマ化成のユニット採算システム	・製品ライン別 ・間接部門
住友電気工業のミニ・プロフィットセンター制	・製品ライン別
電子部品メーカーA 社のブロック・カンパニー制度	・製品ライン別
北日本電線の擬似的なミニ・プロフィットセンター （住友電気工業の関連会社）	・製品ライン別

出典：庵谷（2012）図表 1「製造業の主な MPC 事例」より一部改変，抜粋。

88　庵谷治男(2012)「現場レベルでの利益責任と会計情報の利用」『経営と経済』91(4)：67-94。

これら企業の利益責任の構造について，庵谷（2012）では次のように述べている（p.71）。

> このように，製造業の現場といってもいわゆる製造部門内の工程もしくは製品ライン別に利益責任を設定している場合や，間接部門に利益責任を設定している場合がある。製造工程別にせよ製品ライン別にせよ利益責任を設定することは，各工程で実施される作業が利益にどう貢献しているかを現場の従業員に意識づけることを目的としている。とくに，製品ライン別に利益責任を設定する場合は，現場の従業員に自らの作業が製品の価値にどのような貢献を果たしているのかに注意を向けさせ，単なる作業の効率化だけに終わらないよう意識改革を促すメッセージと捉えることができる。

つまり，MPC の重要な機能は，前節では様々な機能が議論されたのだが，結局は「現場の従業員に自らの作業が製品の価値にどのような貢献を果たしている」のかを確認させるということにつきるのだろう。この点は，JIT 生産システムについて，トロント大学のカレンらが指摘していた非財務情報に起因する過剰投資のエビデンスと対比させて考えると興味深い。つまり，MPC においては市場の情報を踏まえた価値を現場の従業員に認識させることで，リーン生産における過剰投資を抑止する機能を有している可能性がある。

　またこの機能から，前節での MPC への批判を検討することもできる。まず，通常のプロフィットセンターと MPC の差異は，おそらくは自身の貢献が価値として実感できる範囲かどうかということになるだろう。10人の MPC なら自身の努力の反映は実感できるだろうが，1,000人の事業

部ではそうもいかないかもしれない。そして，例えば，MPC が真 MPC であろうと擬似 MPC であろうと価値への貢献を算出することは可能なため，その区別はさほど重要ではないのかもしれない。

4　MPC のエビデンス

　MPC に関連したエビデンスは，すでに前章の最後に紹介した Arai et al.（2013）や Mia and Winata（2014）のようなリーン生産下における利益情報の利用についての研究が存在する。また，日本での普及率についても，慶應義塾大学の吉田栄介らによる『日本的管理会計の深層』[89]において，製造業では32.3％であることが報告されており，日本企業においては一定程度の存在感をもって普及していることがわかる。

　また，MPC の成果についてのエビデンスも存在する。吉田栄介と福島一矩による論文「日本企業におけるコストマネジメントに関する実証研究：原価企画と MPC を中心として」[90]は，東証一部上場製造業のうち，すでに MPC を実施している61社を対象として，どのような組織コンテクストが成果に影響するのかを検証している。その結果，カイゼン志向を有する組織ほど，利益情報などの現場に開示された会計情報を用いた業務改善が実施されることを示した。また，会計情報による業務改善が行われると，製造現場の自発的な問題発見や解決の効果に影響することも示された。この研究は，MPC を導入していない組織との対比がなされていないために，エビデンスレベルに問題があるが，MPC の成果につい

89　吉田栄介・福島一矩・妹尾剛好・徐智銘（2017）『日本的管理会計の深層』中央経済社。

90　吉田栄介・福島一矩（2010）「日本企業におけるコストマネジメントに関する実証研究：原価企画と MPC を中心として」『原価計算研究』34(1)：78-91。

て検証した例外的な研究であり価値があるといえる。

　以上，MPC の発生から事例研究に基づく機能の議論，そして関連する
エビデンスについて確認した。その結果，MPC が標準原価計算によるタ
スク・コントロールの限界を克服するために発生したこと，MPC による
管理は従業員に価値を意識させるタスク・コントロールを行うことで非
財務情報では不可能な管理を行ったこと，などが確認できた。しかしこ
うなると，非財務情報ではなく利益情報だけで管理すればよいのではな
いかという疑問が湧く。ただ，利益情報が価値を意識させるという役割
を担ったように，非財務情報にも固有の役割がある。本章の最後に，組
織の経済学における「インフォーマティブ原理」から関連する議論を確
認しよう。

5　多能工化のタスク・コントロールのための
　　非財務情報

　ノーベル経済学賞の受賞者であるベント・ロバート・ホルムストロム
は，情報の非対称性下のコントロール問題に関する業績で著名である。
彼の代表的な論文であり1979年に『ベル・ジャーナル・オブ・エコノミ
クス』誌に掲載された「モラルハザードと観察可能性」[91]の分析結果が示
したことは，管理される側であるエージェントの努力を推定可能な指標
として業績評価に含めることの有効性である。このような議論は，管理
可能性に替わる「インフォーマティブ原理」として理解されている。標
準的な組織に関連した経済学の教科書である『組織の経済学』[92]では，イ

91　Holmström, B. (1979) "Moral Hazard and Observability," *Bell Journal of Economics*, 10(1) : 74-91.

ンフォーマティブ原理を次のように定義している（邦訳 p.241）。

報酬関数を設計するうえで，エージェントによる行動の推定に伴う
誤差を縮小させるような業績指標を報酬の決定に（適切なウェイト
のもとで）追加し，また，誤差を増大させるような指標（エージェ
ントがコントロールできない確率的要因をのみ反映している指標が
その例）を除外すると，総価値はつねに増加する。

　そして，分権化されたエージェント（ここでは，管理される側の従業員の
こと）の業績評価について，インフォーマティブ原理を基礎とした管理会
計研究が明らかにしたことは，「与えられた権限の程度」が業績指標の選
択に影響を与えるということである[93]。インフォーマティブ原理に従え
ば，どのような情報量を持った指標が，どのような状況下で，管理対象
となるエージェントの業績評価に際して有効な業績評価指標となるかを
予測し説明することが可能となった。つまり，生産管理における利益情
報や非財務情報の活用についても，工程への分権化された権限の程度や
工程間の相互依存性によって説明可能になる。
　インフォーマティブ原理に基づく管理会計研究は，多様な要因を業績

92　Milgrom, P. and J. Roberts (1992) *Economics, Organization and Management*, Prentice Hall, Inc. （奥野正寛・伊藤秀史・今井晴雄・西村理・八木甫訳（1997）『組織の経済学』NTT 出版社）

93　例えば，次のような論文がある。Keating, S.A. (1997) "Determinants of Divisional Performance Evaluation Practices", *Journal of Accounting and Economics*, 24 : 243-273, Abernethy, M.A., Bouwens, J., and Van Lent, L. (2004) "Determinants of control system design in divisionalized firms" *The Accounting Review*, 79 : 545 -570, Bouwens, J. and Van Lent, L. (2007) "Assessing the performance of business unit managers" *Journal of Accounting Research*, 45 : 667-697.

指標の相対的な活用度合いに影響を与えるものとして想定してきた。生産管理会計の文脈で注目すべき要因は，エージェントの努力の次元が多次元であるかどうか，いわゆる「多能工化の程度」という点である。ブリティッシュ・コロンビア大学のジェラルド・アルバート・フェルサムとアルバータ大学のジム・サイが『ジ・アカウンティング・レビュー』誌に掲載した論文「業績指標の目標整合性とマルチタスクなプリンシパル・エージェント関係の多様性」[94]は，エージェントの努力が多次元になった状況での業績指標の問題を扱った分析的研究である（Feltham and Xie, 1994）。彼らの研究が示したことは，ある業績指標が複数の課業に対して同様の精度で努力を測定できるほど「整合的（congruent）」ではない状況においては，他の業績指標を追加することが効率的である，ということである。

　生産の文脈においては，現実的に整合的なただ1つの業績指標を想定することは非常に困難であると思われる。つまり，複数の生産活動や品質管理活動への努力に対して同様の感度で反応する業績指標を想定することは困難であり，これらを同じ指標によって管理することはあまり現実的ではないだろう。このような場合，Feltham and Xie（1994）に従えば，課業に応じて追加的な情報量を持つ業績指標を設定することで，情報の感度を高め，より効率的な業績評価が実現される。このとき，多様なエージェントの行動の結果が含まれた，いわゆる集約的であることを特徴とする財務情報ではなく，よりタスクへの努力投入に感度が高い非財務情報を業績指標へ追加するほうが効率的となる。つまり，複数のタスクを課せられている多能工の場合，非財務情報の業績指標を用いる

94　Feltham, G., and Xie, J. (1994) "Performance Measure Congruity and Diversity in Multi-Task Principal/Agent Relations", *The Accounting Review* 69(3)：429-453.

ことが経済的に望ましいことになる。

　すでに紹介した阪神データを利用した Arai et al.（2013）は，現場の多能工化の程度が非財務情報の利用に影響していることについても確認している。追加的なエビデンスについても確認しおこう。Arai et al.（2013）における多能工化は，Banker et al.（2013）の尺度を翻訳した巻末の図表補－ 4 の項目で測定している。Arai et al.（2013）では重回帰分析で，多能工化するほど業績評価指標に占める非財務情報の割合が増えることが検証されている。実務的に解釈しやすいような記述統計量を求めると，次の図表 5 － 2 のとおりとなった。

　能率情報と品質情報（そして参考までに原価情報と部門別利益情報）の利用度は，業績評価に占める重要度を測定しており，さきほどと同様に 1 から 7 のリカートスケールで測定している。図表 5 － 2 のとおり，多能工化の程度 D が大きくなるほど日本企業では非財務情報の利用が増加しており，これは先行研究の成果と整合的なものであった。また，原価情報についてはややその傾向がみられるが，絶対的な利用度は非財務情報よりも 1 ポイント程度小さい。そして，部門別利益情報については，多能工化の程度と情報の利用度については無関連であることが明らかと

図表 5 － 2　多能工化の程度と非財務情報の利用度（阪神データ）

	多能工化の程度 D			
	$2.5 \leq D < 3.5$ （n＝ 3 ）	$3.5 \leq D < 4.5$ （n＝25）	$4.5 \leq D < 5.5$ （n＝40）	$5.5 \leq D < 6.5$ （n＝16）
能率情報の利用度平均	4.75	5.48	5.71	6.71
品質情報の利用度平均	5.00	6.21	6.53	6.87
原価情報の利用度平均	4.25	5.30	5.32	5.93
部門別利益情報の 利用度平均	4.00	5.04	4.69	4.61

n は該当する企業の数を表す。

なった。

6 小 括

　本章では，リーン生産下で観察され始めた利益情報の利用に関する議論を確認した。クーパーによって MPC として概念化された実務は，製品原価情報がタスク・コントロールにおいて有する逆機能を回避しつつ，利益情報に基づいた管理を行うことで従業員にタスクの価値を意識させるという機能を有していたことを確認した。また，代表的な MPC であるアメーバ経営については，その発生の動機の 1 つには，標準原価計算のような既存の管理会計システムに対する不満が，JIT 生産の発生と同様に存在したことも確認した。

　しかし，利益情報だけでは，従業員のタスクと整合的な目標は立てられない可能性があることをインフォーマティブ原理から確認し，追加的に非財務情報の特性および利用度についてもエビデンスを確認した。結果として，従業員への大幅な権限移譲を特徴とするリーン生産下では，非財務情報による生産管理の適切性を再確認した。ただし，過剰投資のような逆機能を避けるためにも，非財務情報一辺倒ではなく，利益情報の併用が有効であると考えられる。

第6章

実証的会計研究が示唆する
原価計算の逆機能

　アメリカの会計研究は，おそらくは1960年代の終わり以降から，「あるべき会計」を探求する「規範的」会計理論から，現実の会計に関連した現象を説明する「説明理論」としての「実証的」会計研究へ移行した。多くの研究は財務会計研究分野で実施され，会計手続き選択の解明や，財務数値の株式市場への影響などが議論されてきた[95]。これら研究の多くは，企業レベルの公表財務諸表を用いた大規模な統計分析を伴っている。

　実は，この実証的会計研究の成果のうち，生産管理会計の視点として注目すべき成果が2つある。1つは，「棚卸資産を通じた実体的利益調整」研究である，もう1つは「不確実性下のコストビヘイビア」研究である。本章では，前章までの主として郵送質問票調査で蓄積されてきたエビデンスを補強するために，これら実証的会計研究のエビデンスを確認しよう。

95　概要については，例えば Scott, W.R. (2006) *Financial Accounting Theory*, 4th ed., Prentice Hall.（太田康広・椎葉淳・西谷順平（2008）『財務会計の理論と実証』中央経済社）などが参考になる。

1 棚卸資産を通じた実体的利益調整

　利益調整とは，GAAP（一般に公正妥当と認められた会計原則）の範囲内
で，経営者が会計数値を操作する裁量行動を指す場合が多い。GAAPを
逸脱した粉飾決算などとは明確に区別される利益調整を対象とした研究
は，会計基準設定など財務会計の様々な側面にインプリケーションが期
待できる研究群となっている[96]。

　利益調整研究は，例えば，減価償却の定額法か定率法かといった会計
手続き選択を中心として，主に利益の構成要素のうちキャッシュ以外の
要素である会計発生高（accruals）を対象とした研究から進展した。多く
の研究の基礎となったのは，当時シカゴ大学のジェニファー・ジョーン
ズが1991年に『ジャーナル・オブ・アカウンティング・アンド・リサー
チ』誌に発表した論文「輸入支援下の利益調整」[97]で提案した，いわゆる
「ジョーンズ・モデル」である。ジョーンズ・モデルは，その後の修正を
経て，一般的に修正ジョーンズ・モデルなどと呼ばれている。ジョーン
ズ・モデルや修正ジョーンズ・モデルの統計学的な特徴は残差モデルで
ある。会計発生高は業種別に，売上高の変化額，償却性固定資産の金額
などである程度推定でき，それらで推定できない残差は，何らかの裁量
的な行動の結果として生じたものとみなすという考え方である。修正
ジョーンズ・モデルでは，売上高の変化額ではなく，（売上高－売上債権）
の変化額で推定する。この残差モデルは，裁量的な会計発生高の推定値

---

[96] 特に会計発生高を通した利益調整研究の全体像は，首藤昭信（2010）『日本
企業の利益調整：理論と実証』中央経済社を参考にされたい。

[97] Jones, J.J. (1991) "Earnings Management During Import Relief Investigations,"
Journal of Accounting Research, 29：193-228.

に推定誤差を必然的に含むために問題がないわけではないが，それでも多くの研究で利用されるような標準モデルとなった。このジョーンズ・モデルのような残差モデルに基づいて，目標利益の達成や経営者の交代などの際に，利益調整が実施されているという多くのエビデンスが蓄積され続けている。このような会計発生高を通じた利益調整は「会計的利益調整（accrual-based earnings management）」と呼称されている。

　しかし利益調整は，何も会計手続き選択のみで実施されるわけではない。自由裁量費の削減や，押し込み営業，そして過剰生産といった方法によっても実行可能である。これらの方法による利益調整は，実体的な方法によるため，「実体的利益調整（real earnings management）」と呼称されている。この実体的利益調整についても，ジョーンズ・モデルと同様に残差モデルで推定する方法が，ボストン大学のスガタ・ロイチョウダリーによって2006年に『ジャーナル・オブ・アカウンティング・アンド・エコノミクス』誌の「実体的活動を通じた利益調整」[98]という論文内で提案された。そこには，生産管理会計の視点からも無視できない，過剰生産による実体的利益調整の推定モデルが含まれていた。

　過剰生産を推定するロイチョウダリー・モデルを解説する前に，そもそも過剰生産による利益調整とはどのようなことなのかを，具体的な事例で解説しよう。いま，次のような造船業を考える。なお，実際には造船業は受注産業である場合が多いので下記のような事例は起きにくいといえる。下記の事例はあくまで理解を簡便にするための架空の設定である。

98　Roychowdhury, S. (2006) "Earnings Management Through Real Activities Manipulation," *Journal of Accounting and Economics*, 42 : 335-370.

・**生産キャパシティ**：年間 3 隻まで完成可能

・**総資産**：¥100（負債なし）

・**売　価**：1 隻あたり¥75

・**変動費**：1 隻あたり¥30

・**固定費**：年間¥60

・**需　要**：年間 2 隻

さて，この企業が，需要どおりに 2 隻の造船を行った場合，次の図表 6 －1 のような損益計算書と貸借対照表ができ上がる。

図表 6 － 1　　**年間 2 隻を建造した場合**

損 益 計 算 書

売　　上　　高	¥150	（売価¥75× 2 隻，なお在庫は 0 隻）
売　上　原　価	¥120	（変動費¥30× 2 隻＋固定費¥60, 1 隻当たり原価は¥120÷ 2 隻で¥60となる。）
利　　　　　益	¥30	（売上高¥150－売上原価¥120）

貸 借 対 照 表

諸　　資　　産	¥100	純　　資　　産	¥100

　ここで，もしこの企業が 2 隻しか売れないとわかっていても 3 隻の造船を行った場合を考えてみよう。その場合，次の図表 6 － 2 のような損益計算書と貸借対照表ができ上がる。

| 図表 6 － 2 | 年間 3 隻を建造した場合 |

損 益 計 算 書

売　　上　　高	￥150	（売価￥75×2 隻，なお在庫は 1 隻）
売　上　原　価	￥100	（3 隻造船した場合の 1 隻当たり原価は，総原価（変動費￥30×3 ＋固定費￥60＝￥150）を 3 隻で割った￥150÷3 隻＝￥50。1 隻当たり￥50で 2 隻販売されたため，売上原価は￥50×2 隻＝￥100となる。）
利　　　　　益	￥50	（売上高￥150－売上原価￥100）

貸 借 対 照 表

| 棚卸資産（1 隻分） | ￥50 | 純　　資　　産 | ￥150 |
| その他諸資産 | ￥100 | | |

　図表 6 － 1 と図表 6 － 2 を比較すると，売れないとわかっていても過剰生産を行うことで，利益額が￥20増加していることがわかる。これは，固定費は製造した数量に応じて配賦されること，売上原価については売れた分に対応した原価のみが計上されること（費用収益対応の原則），売れ残った在庫については棚卸資産として貸借対照表に計上されること，が原因である。工場に未利用のキャパシティがある限り生産を続けると，固定費が配賦され続けるため一時的に利益が増加してしまうのである。もちろん，次年度以降に溜まった在庫が販売できなければ，どこかのタイミングで大きな評価損を計上することになり，3 隻作った場合のほうが，企業が負うダメージは大きい。しかし，次年度以降の販売が可能であるなら，棚卸資産の評価損は発生しないため，このような過剰生産は利益調整に利用される可能性がある。

　このような原価計算の性質と帰結は，企業の会計基準上，避けては通れない処理である。そのため，財務諸表上の棚卸資産を計算する目的と現場の管理のための原価計算には別のシステムを利用したほうがよいと

『レレバンス・ロスト』は主張していたのである。さらには，トヨタ生産方式を生み出した大野耐一も，アメーバ経営を生み出した稲盛和夫も，つくり過ぎのムダを生みやすい原価計算の性質を忌避し，別の手段による管理手法を考案したともいえる。

2　ロイチョウダリー・モデルによる　　過剰生産の検出

　さて，この過剰生産による利益調整を検出するロイチョウダリー・モデルとはどのようなものだろうか。ジョーンズ・モデルと同様に，正常な営業を行っている際に売上原価と棚卸資産の変化額に変化を与える要因を考えてみる。

　まず，売上原価は，文字どおり「売上高」の増減が影響していると考えられる。また，棚卸資産の変化額は，期末の在庫量の決定要因である「前期から当期の売上高の変化額」と，期首の在庫量の決定要因である「前々期から前期の売上高の変化額」の影響を受けると考えられる。そして，売上原価と棚卸資産の変化額を足し合わせた製品原価総額は，売上高，売上高変化額，前期の売上高変化額の３つの要因によって変化すると考えられる。これらを業界ごとに推定し，残差を取り出すと，この残差が正に大きいほど，過剰生産による利益調整を行っていた可能性が示唆されることになる。実際に，ロイチョウダリーは，このモデルが製品原価総額の89％程度を説明することを示した。さらには，利益調整の動機と，実際の製品原価総額の残差が関係していることを統計的に確認している。

　日本企業を対象とした追試は，東北学院大学の山口朋泰が2011年に『管理会計学』誌で発表した論文「実体的裁量行動の要因に関する実証分

析」[99]で実施された。彼の研究対象のサンプルは日本国内において，2000
年から2008年の3月までに決算を迎えた金融およびインフラを除くすべ
ての上場企業であり，サンプルサイズは13,266企業・年となった。その
結果，当期純利益がぎりぎり黒字である場合や，監査法人に大手監査法
人を含んでいない場合，過剰生産と思われる製品原価総額の上昇が確認
された。つまり，日本企業においても，過剰生産による利益調整は実施
されているというエビデンスが確認されたのだ。

　ただ，このロイチョウダリーによる推定方法では，業界平均よりも異
常に高い（低い）製品原価総額を検出している点に限界がある。つまり，
利益調整と，適切なコスト・マネジメントによって業界平均よりも異常
に低いコストを達成していたり，あるいはコスト・リーダーシップ戦略
などを採用しているために異常に原価率が高い場合であったり区別でき
ないのだ。この問題点は，流通科学大学の早川翔らによって提起され，
2018年に発表された彼らのワーキングペーパーである「過剰生産と将来
業績：製造原価を用いた残差分析」[100]では，残差の継続・反転に着目し，
過剰生産と将来的な利益の帰結が議論された。分析の結果，継続的な過
剰生産は，将来業績に対して負の影響を持つことが観察された。これは，
ロイチョウダリーのモデルが利益調整だけでなく，いわゆる高コスト体
質の企業をも識別しており，推定上の問題があることも示唆している。

　もっとも，この早川ほか（2018）の結果は，ロイチョウダリーのモデ
ルでは，利益調整だけでなくコスト体質の情報も含まれているという点

99　山口朋泰（2011）「実体的裁量行動の要因に関する実証分析」『管理会計学』
　　19(1)：57-76。
100　早川翔・吉田政之・小山真実・安酸建二（2018）「過剰生産と将来業績：製
　　造原価を用いた残差分析」『神戸大学大学院経営学研究科ワーキングペー
　　パー』201804a。

を示唆しているだけで，山口（2011）が示したように，過剰生産を通じた利益調整が実施されているという点は揺るがないだろう。つまり，原価計算の一手続きに過ぎない「配賦」に起因し，企業はつくり過ぎのムダを生んでいる可能性は依然として高いといえる。

3　コストビヘイビア研究からの示唆

第3章では，生産量のようなボリュームベースのコストドライバー以外のコストドライバーが原価を変動させるという工場レベルのエビデンスを確認した。このようなコストの変動は，一般的にコストビヘイビアとして管理会計の教科書などに記載されている。今回確認するのは，それらABCのエビデンスに影響を受けた企業レベルで集約された情報に基づくコストビヘイビア研究である[101]。

これらコストビヘイビア研究の特徴は，log（当期のコスト/前期のコスト）とlog（当期の売上高/前期の売上高）の関係を確認する点にある。コストや売上高の変化率を，底を自然対数とする対数に変換する理由は，一次のテイラー展開による十分に変化率が小さい場合の変化率と近似するためであったり，単に係数の解釈がしやすかったりするなどの理由がある。例えば，次のような関係を考えてみよう。

$$\log（当期のコスト/前期のコスト）$$
$$=\beta_0+\beta_1{}^*\log（当期の売上高/前期の売上高）$$

101　研究の詳細については，例えば，安酸建二 (2012)『日本企業のコスト変動分析』中央経済社，安酸建二・新井康平・福嶋誠宣編著 (2017)『販売費及び一般管理費の理論と実証』中央経済社，などを参照されたい。

このとき，コスト情報と売上高の情報があれば，回帰分析と呼ばれる統計的手法を用いて β_0 と β_1 を推定できる。重要なのは β_1 がどのような値をとるのかだろう。この β_1 がとる値は「コストの硬直性（cost rigidity）」と呼ばれることが多い。近年のコストビヘイビア研究では，伝統的な変動費・固定費という分類に従うコストビヘイビアではなく，このコストの硬直性に着目した研究が増加している。なぜなら，固定費は長期的には変動費であるという理解が進み，これらを明確に区別することが困難になっていることと，コストの硬直性のみに着目することで，その影響要因についての多数の知見が生み出され始めたからだ。この β_1 が 1 に近い値をとると，売上高の変動に応じてコストも変動している割合が多いためにコストが硬直的ではないと考えられ，0 に近い値をとると，売上高の変動に応じてあまりコストが変動しないためにコストが硬直的であると考えられる。

　まず，このコストの硬直性に与える要因として注目を浴びたのが，「下方硬直性」や「反下方硬直性」である。いずれの研究もテンプル大学のラジブ・D・バンカーが率いる研究グループが進めたものである[102]。日本企業を対象としたエビデンスは，近畿大学の北田智久が2016年に『管理会計学』誌に掲載した「日本企業におけるコストの反下方硬直性」[103]があ

102　次の論文が代表的である。Anderson, M.C., Banker, R.D., and Janakiraman, S. N. (2003). "Are selling, general, and administrative costs "sticky"?," *Journal of accounting research*, 41：47-63. Banker, R.D., Byzalov, D., Ciftci, M., and Mashruwala, R. (2014). "The moderating effect of prior sales changes on asymmetric cost behavior," *Journal of Management Accounting Research*, 26：221 -242. また，日本企業についての追試としては平井裕久・椎葉淳（2003）「販売費および一般管理費のコスト・ビヘイビア」『管理会計学』14(2)：15-27が参考になる。

103　北田智久(2016)「日本企業におけるコストの反下方硬直性」『管理会計学』24(1)：47-63。

る。北田（2016）が示したことは，販売費及び一般管理費に関しては，前期から当期にかけての売上高の増加時と減少時ではコストの硬直性が異なるということだ。具体的には，売上高上昇時のコストよりも売上高減少時のほうがコストは硬直的になるという（コストの下方硬直性）。ただし，北田（2016）では，二期連続の売上高減少時はむしろコストの硬直的が減少することも示している（コストの反下方硬直性）。コストの下方硬直性や反下方硬直性の要因は，資源の調整そのものにコストがかかることなどが示されている。

　もっとも，この下方硬直性といった性質は売上原価というよりは販売費及び一般管理費について観察された現象である。売上原価について注目すべきは，ラジブ・D・バンカーらが2013年に『ジ・アカウンティング・レビュー』誌に掲載した論文「需要の不確実性とコストビヘイビア」[104]である。この論文の特徴は，需要の不確実性が高まると，企業は売り逃しを避けるために，一般的にいわれているように変動費の割合を増やすのではなく，むしろ固定費の割合を増やし硬直性を増加させたほうが適切であることを分析的に示し，そのエビデンスを提供したことにある。

　なぜ，需要の不確実性が高いと，企業は固定費を増加させコストを硬直的にするのだろうか。その際に理論的な根拠として提示されたのが，「混雑コスト（cost of congestion）」である。混雑コストは，需要が予想よりも上振れした場合，その需要に対応するために企業はキャパシティをフル稼働させ，さらには追加の仕入れや投資を行うが，この場合，追加

104　Banker, R.D., Byzalov, D., and Plehn-Dujowich, J.M. (2013) "Demand uncertainty and cost behavior," *The Accounting Review*, 89：839-865. また，日本企業についての追試としては高橋邦丸・椎葉淳・佐々木郁子（2016）「需要の不確実性とコスト構造：日本企業データを用いた分析」『青山経営論集』51(3)：151-167が参考になる。

的であるという性質上，製品当たり原価は通常時よりも上昇してしまう。また，キャパシティがフル稼働している場合，工程の処理能力がないために，ちょっとしたイレギュラーが全体に大きな影響を与えることがある。これらの規模の不経済を嫌う企業は，混雑コストの原因が変動費の増加によるものであることから，固定費化を進めてコストを硬直的にするという。そして，この理論的な予測どおりに，企業は混雑コストを避けるために，需要の不確実性が増加した場合はコストをより硬直的にするということが確かめられた。

　ところで，バンカーらは需要の不確実性の代理変数として売上高の分散を用いていた。売上高の変動には，予測できる場合と予測不可能な需要変動の双方が含まれているかもしれない。この問題点を克服するために，我々が2018年に『会計プログレス』誌に掲載した「売上高変動と固定費化」[105]は，四半期データを用いて，売上高のうち季節変動やトレンドを除外して，予想可能な売上高の分散と予想不可能な売上高の分散に分離し，コストの硬直性に与える影響を分析した。その結果，予想不可能な売上高の分散のみが，コストの硬直性に影響していた。これは，「混雑コストを避けるためにコストを硬直的にする」というバンカーらの主張をさらに補強するものとなった。

4　混雑コストの直接的なエビデンスと生産管理会計への示唆

　もっとも，これらの研究は混雑コストを直接観察したのではなく，混

105　新井康平・廣瀬喜貴・牧野功樹（2018）「売上高変動と固定化：四半期データによる経験的検証」『会計プログレス』19：33-47。

雑コストを避けるためのコスト構造についての探求であった点に注意が必要だろう。つまり，混雑コストについての間接的なエビデンスに過ぎない。実際に，操業度が一定を超えると混雑コストが発生するのかについての直接的なエビデンスはほとんどない。なぜなら，多くの上場企業では会計データをディスクロージャーしているが，キャパシティの利用度である操業度などの非財務情報についてはディスクロージャーされないからだ。

そこで我々は，地方公営企業決算の病院の会計データに注目した。地方公営企業決算では，病院の基本的な財務データだけでなく，病床稼働率（入院病床が年間でどれだけ利用されたのか）も公開されているからだ。病床稼働率を操業度の代理変数として分析を行った結果は，2019年の日本原価計算研究学会関西部会・日本管理会計学会関西・中部部会（共催）で，我々が報告している[106]。結果として，病床稼働率が92.4%を超えると，統計的に意味のある程度にコストの硬直性がさらに弱まるということがわかった。これは，一定以上の操業度では追加的なコストが生じていることを示唆しており，製造業ではないという限界はあるが，混雑コストの存在についての直接的なエビデンスといえよう。

さて，このような混雑コストの存在は，生産管理会計，特に伝統的な原価計算に対して次のような重要な示唆を持つ。それは，100%操業度下での生産は決して効率的ではないどころか，追加的なコストを生んでしまうという点である。つまり，標準原価計算上の標準の達成は何らかのコスト増を招く可能性があるということである。具体的には，未利用のキャパシティは，原価計算上は製造間接費操業度差異として認識される

106　新井康平・福嶋誠宣・安酸建二・栗栖千幸（2019）「キャパシティの利用度と混雑コスト：探索的研究」2019年度日本原価計算研究学会関西部会・日本管理会計学会関西・中部部会（共催）報告。

ことが多いだろう。この操業度差異を削減しようと操業度をあげても，結果として何らかの混雑コストが発生し，おそらくは製造間接費予算差異の不利差異の増加を招く可能性がある。

5　望ましいタスク・コントロールのための生産管理会計の特徴

　ここまでの議論で，リーン生産下における生産管理会計が備えておくべき性質について，相当程度の理解が可能になっただろう。次章ではそのための具体的な会計システムの特徴を確認するが，本章の最後にその抽象的な性質を確認しておこう。

　まず，前章の議論であったが，リーン生産下における生産管理会計は非財務情報がタスク・コントロールのための主だった情報でなければならない。しかしながら，財務情報を利用しないと，過剰投資などが起こるなどの問題もある。そこで，次の性質1が導出される。

（性質1）　財務情報と非財務情報を統合したシステムであること。

　また，需要に応じて製造を行うことが正当化されるシステムであることも重要だろう。というのも，原価計算システムは需要に従って生産するための制約がないばかりか，本章の前半で示したように，むしろ需要を無視して過剰生産を行った場合に原価が効率的に計算されるという問題を抱えていた。そのためには，①製品原価情報だけではなく製品が販売されたかどうかの情報を含むこと，②伝統的な原価計算システム，特に配賦を排除したシステムであること，の2点が備わっていることが望ましい。このような特徴を備えた会計システムは，原価計算システムではなくMPCのような部門別の損益計算システムこそが該当する。例え

ば，ある企業の1つの材料の払い出しから出荷までのライン単位で損益計算書を作成する場合，ライン損益計算書外からの配賦を行わなければ，この条件は満たされることになる。そこで，次の性質2が導出される。

（性質2）　部門単位の損益計算システムであること。ただし，部門外からの配賦は行わない。

　そして，未利用のキャパシティを許容するシステムであることも重要だろう。キャパシティの完全利用を目指すようなシステムだと，予想外の混雑コストの発生を招きかねない。つまり，キャパシティ利用度を操業度差異のように財務情報に反映させることで，キャパシティの利用を促進させるような仕組みは避けるべきだろう。かといって，キャパシティの利用度についての情報が皆無であると，生産管理上，効率性の判断が困難になる。キャパシティ利用度に基づいて工程設計や設備投資を行うかもしれないし，遊休資産の売却などの意思決定も場合によってはなされるかもしれない。そこで，次のような性質3が導出される。

（性質3）　キャパシティ情報は，財務情報と関連付けを行わず，単に非財務情報として報告されるシステムであること。

　以上，3つの性質を有しているシステムが，多くのエビデンスに裏打ちされた，リーン生産下における生産管理会計が備えるべき望ましい性質であるといえる。

6　小　　括

　実証的な会計研究のうち，企業レベルで集約された公開財務諸表を用いた研究成果も，生産管理会計について有用な示唆を与えるものであっ

た。特に「棚卸資産を通じた実体的利益調整」研究と「不確実性下のコストビヘイビア」研究が生み出したエビデンスは有用だった。前者の研究群は，過剰生産を行うと一時的に売上原価が減少するという性質が，利益調整の手段として用いられていることを明らかにした。後者の研究群は，「混雑コスト」の観点から，高い操業度の達成によりキャパシティの余裕がなくなることが，必ずしも経営上，望ましいわけではないことを明らかにした。そして，本章では，このようなエビデンスと前章までの議論を総括することで，リーン生産下における生産管理会計が備えておくべき性質を導出した。

第 7 章

リーン会計：計算構造とエビデンス

　本章では，これまでの議論を踏まえて，リーン生産下における具体的な生産管理会計を提案する。それは，前章末で示された３つの性質，財務情報と非財務情報を統合したシステムであること，部門外からの配賦を行わない部門単位の損益計算システムであること，キャパシティ情報を財務情報と関連付けるのではなく単に非財務情報として報告するシステムであること，の３点を踏まえたものである。

　しかしながら，本章で議論する生産管理会計は，全く独自の提案というわけではなく，むしろすでに確立した会計システムである「リーン会計（lean accounting）」の紹介となる。リーン会計は，すでに議論した伝統的な生産管理会計の問題点を克服したばかりか，上記の３つの性質を兼ね備えた会計システムだからである。もちろん，リーン生産下では，この確立したリーン会計を導入しているというよりは，特に多くの日本企業がこのリーン会計の重要な要素を独自の方法で実行しているというのが実際のところだろう。この点についてのエビデンスは本章の後半に提供する。これは，群馬データに基づく分析であり，リーン生産の成果

をあげるうえでリーン会計「的」なアプローチが，特に有用であること
を示すものである。

　本章は，まずリーン会計の発生論を簡単に確認し，そのうえでリーン
会計の構造の紹介を行う。そして，関連するエビデンスを示し，群馬デー
タでの追加的なエビデンスを示すという構成をとる。

1　リーン会計の発生論

　イギリスの企業である AA グローバル・ソーシング社の CEO であり，
コンサルタントのアデ・アセフェソは，2014年に発表したリーン会計を
紹介するムック『リーン会計』[107]内でリーン会計の歴史を要約している
ので，まずは，これを手がかりにリーン会計の発生を簡単に確認しよう。
彼によると，すでにみたように，ABC は配賦を行っていることからリー
ン生産とは適合的ではないとした。また，1990年代に流行した「制約条
件の理論」のようなアプローチも，ABC よりはるかにリーン生産に適合
的ではあったが，ムダを排除するための構造が不十分であったという。
このような中で，アメリカにおいて，リーン生産の普及者たちはリーン
会計の原形を構成し，2005年にリーン会計サミット（Lean　Accounting
Summit）を開催し，現在のリーン会計を定義したという。なお，現在で
は，アメリカのリーン・フロンティアーズ（Lean Frontiers）と呼ばれる
リーン生産の普及団体がリーン会計サミットを運営しているようだ[108]。
　リーン会計のコンサルティング会社 BMA Inc. の設立者であるブラ
イアン・H・マスケルと同社の上級パートナーであるブルース・L・バガ

107　Asefeso, A. (2014) *Lean Accounting*, 2nd ed., AA Global Sourcing Ltd.
108　https://leanfrontiers.com/

リーの2名が2005年9月にデトロイトで開催された第1回リーン会計サミットのグループ全体の成果を要約したのが，『ターゲット』誌に掲載された「リーン会計：一体何なのか？」[109]というエッセイである。リーン会計サミットの初期の貢献者がこの2人であることからも，彼らはリーン会計の実質的な発案者といってもよいかもしれない。実際に，1996年にマスケルが出版した『数を数える：ワールドクラスな変革者としての管理会計担当者』[110]では，今日のリーン会計の原形が第4章で提案されている。

　マスケルらが，どのような経緯でリーン会計を構築したのかについては，詳細は不明である。ただし，彼らの著書では大野や稲盛と同様に，既存の管理会計の問題点を指摘し，リーン会計を提案するという形式がとられていることからも，リーン会計を創発した動機は，これまでに確認したものと同様と言ってよいのかもしれない。

2　リーン会計の構造

　リーン会計については，マスケルら自身の著書であり2011年に第2版が出版された『実践的なリーン会計：リーンな企業で実証された測定と管理のシステム』（Maskell et al., 2011）[111]や，リーン会計の研究者でもあるグローリア・マクベイ，フランシス・ケネディ，ローズマリー・R・フ

109　Maskell, B.H. and Baggaley, B.L. (2006) "Lean Accounting : What's It All About?" *Target*, 22(1) : 35-43.

110　Maskell, B.H. (1996) *Making the Numbers Count : The Management Accountant as Change Agent on the World Class Team*, Productivity Press.

111　Maskell, B.H., Baggaley, B.L., and Grasso, G. (2011) *Practical Lean Accounting : A Proven System for Measuring and Managing the Lean Enterprise*, 2nd ed., Productivity Press.

ラートンの 3 者が2013年に出版した『リーンな企業の会計：シンプルで実践的で意思決定に役立つ情報を提供する』(McVay et al., 2013)[112]の 2 冊が，基本書に位置付けられる。また，ケネディは，2008年に『マネジメント・アカウンティング・リサーチ』誌に「あるコントロールのフレームワーク：リーン会計のエビデンスからの洞察」[113] (Kennedy and Widener, 2008) というリーン会計の導入企業の事例研究を共著論文として発表し，リーン会計の構造を学術的に確認している。2005年のリーン会計サミット以降のこれらの文献や論文から明らかになったことは，リーン会計の構造については，相当程度，合意されているということだろう。本節では，このリーン会計の構造を明らかにする。

　これらの書籍に特徴的なのは，リーン会計は「シンプルな」会計システムである，ということだろう。このシンプルさとは，個別の製品の原価をせいぜい材料費単位でしか計算しない，配賦計算を行わない，などの計算方法の単純化と，買掛金や売掛金の管理といった資金管理実務の単純化の双方が行われることをいう。Kennedy and Widener (2008) では，リーン生産の導入前後で会計システムについて次の図表 7 － 1 のような変化が観察されたという。なお，本書では議論の対象外であるが，MRP の廃止と購買や販売の単純化といった商慣行をリーンにするという実務は，リーン財務会計と呼ばれている (Maskell et al., 2011, chap. 6)。

　ここでは，これまでの議論の流れを踏まえて，リーン会計のうち生産

112　McVay, G., Kennedy, F., and Fullerton, R. (2013) *Accounting in the Lean Enterprise : Providing Simple, Practical, and Decision-Relevant Information*, Routledge.

113　Kennedy, F.A., and Widener, S.K. (2008) "A control framework : Insights from evidence on lean accounting," *Management Accounting Research*, 19(4) : 301 -323.

図表 7 － 1	リーン生産導入前後の会計システムの変化

変　数	導　入　前	導　入　後
取引の合理化		
購買	購買は，その都度の資材の購入によって実行されていた。	購買は，事前価格制（annual blanket）で実施されるようになった。
買掛金	週次，あるいは 2 週に一度のサプライヤーへの定期的な支払い。 担当者が以前の納品明細との差異を調整した請求書を作成。	「プル」生産原則に従い，買掛金は適宜支払われる。 請求書は不要になり，サプライヤーは，事前価格制に従い，納品明細に従って支払を受ける。 このシステムは電子化されている。
労働報告	労働のカテゴリーごとに詳細情報が記載。	不必要であり廃止された。 労働者は期間原価と考えられ，変動的というよりは固定的であると捉えられた。
実際原価の利用		
間接費配賦	棚卸資産価格の算定のための全部原価計算。	材料費のみの原価計算システム。 間接費は製品群単位に配賦されることはあっても，それ以上，細かく配賦されることはない。
標準原価	差異分析のために計算。	価値流列原価計算（VSC）：専有面積による設備のチャージのみを配賦，さもなければ週当たりの実際原価を利用。
材料の請求書	材料の請求書は，棚卸資産の算定と追跡のために利用された（継続的に図示された）。	不必要：標準業務手順と実際の部門費に代替された。
棚卸資産の継続的記帳	継続的記録は個別の棚卸資産のカテゴリーごとに資源を追跡した。	スループット原価計算の利用。 低い在庫レベルでは継続的記帳は不要。
業務責任についての報告	典型的な，工場，部門，製品ラインごと。 差異分析，予算，業績評価。	価値流列指向の報告と管理。 VS P&L が製品原価の算定に用いられ，全部原価計算は資源についてのみ実施され，棚卸資産の削減に焦点を当てた。
カンバンの利用		
MRP	MRP は生産と購買の予想を立てた。	MRP は不要：カンバンによる購入が実施され生産は顧客の注文によるようになった。

出典：Kennedy and Widener (2008), Fig. 3 より。一部抜粋。翻訳筆者。

管理会計に関連するものを検討する。特にポイントとなるのは、図表7－1にある「価値流列原価計算」（value-stream costing：VSC）と呼ばれる耳慣れない原価計算手法だろう。しかし、このVSCは、「原価計算」（costing）という言葉のイメージとは違い、損益計算のシステムであり、第5章で議論したMPCとほぼ同様のシステムだといえる。

　では、このVSCが対象とする「価値流列（value-stream：VS）」とは一体どのようなものなのだろうか。概念的には、アメーバ経営のアメーバのように、責任単位としてのMPCと近しいものである。マクベイらは、VSは典型的には受注を満たすための一連のプロセスであるとし、製品やサービスを提供するために必要な資源と活動を完全に包括したものと説明している（McVay, et al., 2013, pp.14-15）。また、中小企業などでは、同一ラインに流れる製品群などで簡単にVSを説明できるという。Maskell et al.（2011）は、小さすぎても大きすぎても不適切であるとし、おおよそ25-150人前後の従業員が1つのVSに当てはまるという（p.133）。VSは、クーパーによるMPCの分類では、購買プロセスから販売プロセスまでを包括しているため真MPCに該当するだろう。

　このVS単位での損益計算を実施することがVSCの主たる内容である。VSCの結果として提示される工場単位の損益計算書は、次の図表7－2のようになる（McVay, et al., 2013）。工場内のVSは、見込生産VS、受注VS、新製品開発VSの3つであり、それとは別に工場の維持管理部門の工場維持費が、VSに配賦されることなく計上されている。これらの計算は週次で実施され、月次工場単位で集約されるという。また、すべての費用は、VSや支援部門によって系統的に検証されるという。棚卸資産を削減するというリーン生産と適合的にするため、棚卸資産へ繰り入れる前後の利益を表示させるという特徴があるが、その他の費用項目はいたって標準的でシンプルなものといえよう。なお、この棚卸資産

図表 7 － 2　VS 単位の損益計算書の例

単位：千＄	見込生産 VS	受注生産 VS	新製品開発 VS	工場維持費	工場全体
売上高	1,130	3,225	0	0	4,355
部品購入費	345	1,290	37		1,672
労務費	228	295	152	312	987
機械関係費	149	425	28		602
施設・設備費	110	185	13	37	345
その他費用	9	15	7		31
棚卸資産控除前 VS 利益	289	1,015	(237)	(349)	718
棚卸資産増減	(80)	(122)			(202)
VS 利益	209	893	(237)	(349)	516
出荷費用				215	215
本社費				84	84
営業利益	209	893	(237)	(648)	217
ROS	18.5%	27.7%			5.0%

出典：McVay et al. (2013), Table 4.3 より。一部改変。翻訳筆者。

　の計算は，バックフラッシュ原価計算が用いられているという（McVay, et al., 2013, p.52）。

　リーン会計では，VSC の結果をタスク・コントロールに用いる場合は，関連する非財務情報と統合した「ボックス・スコア（Box Score)」という形式で従業員へ提示することが多い。このボックス・スコアの例は，次の図表 7 － 3 のようになる（Maskell, et al., 2011）。ボックス・スコアの特徴として，財務情報と非財務情報が統合されている点，VS 外からの配賦がなされていない点，資源キャパシティの利用度が財務情報と関連付けられることなく明示されている点，がある。これは，第 6 章末

		現状	目標	変化分	長期目標	変化分
業務	リードタイム	20.5(日)	4.5	16	4.5	16
	直行率	48(%)	96	48	96	48
	期限内納品率	90(%)	99	9	99	9
	使用スペース	34,000(sq feet)	17,000	17,000	17,000	17,000
	1人当たり売上高	24,389($)	26,380	1,991	35,907	11,518
	ユニット当たり平均原価	328.97($)	308.61	−20.36	311.96	−17.01
資源キャパシティ	生産利用	19(%)	16	−3	18	−1
	生産外利用	59(%)	31	−28	33	−26
	未利用	22(%)	53	31	49	27
財務	棚卸資産価値	58,502($)	13,997	−44,505	13,997	444,505
	売上高	1,292,640($)	1,292,640	0	1,292,640	0
	材料費	512,160($)	477,160	−35,000	512,160	0
	加工費	189,866($)	181,416	8,450	153,571	−36,295
	VS利益	590,614($)	634,064	43,450	626,909	36,295

図表7−3　ボックス・スコアの例

出典：Maskell et al. (2011)，Table 4.8より。一部改変。翻訳筆者。

に示された，リーン生産下の望ましい生産管理会計の特徴と相当程度一致するものである。

　図表7−3のボックス・スコアの各項目内容を確認しよう。リードタイムを彼らは"Dock to Dock"時間と表現しており，これは材料の払い出しから完成品の納品までの時間を指している。現状は20日以上かかっているが，これを16日短縮し，4日を目標とすることが示されている。直行率は，仕損や手直しなどされることなく完成した製品の割合である。期限内納品率は，文字どおり納品期限の遵守率となる。1人当たり売上高やユニット当たり平均原価は，業務項目における財務情報の例となる。資源キャパシティ項目は，資源の利用度を，生産利用，生産外利用(段取

り替えなど），未利用の３種類に分けて表示する点に特徴がある。目標値を確認すれば明らかなように，リーン生産においては未利用のキャパシティを増加させることでより少ない資源で生産を達成することが期待されている。これは，つくり過ぎのムダを避けるための配慮だろう。また，財務項目はさきほどのVSCの項目を集約したものであるが，棚卸資産価値をトップに表示することで，在庫を圧縮する目標が明確化されている。なお，McVay et al.（2013）では，他にリーン財務会計の成果指標である「１日当たり売掛金」という指標が提案されている（p.38）。

3　リーン会計の機能とエビデンス

リーン会計の機能とエビデンスには，フラートンらが2014年に『ジャーナル・オブ・オペレーションズ・マネジメント』[114]誌に発表した「リーン生産と企業業績：リーン会計の追加的な貢献」という論文があり，これはリーン会計の効果についての数少ないエビデンスである（Fullerton et al., 2014）。彼女たちは，前節で解説したリーン会計サミットの参加企業を対象とした調査を実施しその効果を検証した。リーン会計の構成要素として，①SMAP（Simplified and Strategic Management Accounting：単純化された戦略的管理会計），②VSC（Value Stream Costing：価値流列原価計算），③VLPM（Visual Performance Measures：業績指標の「見える化」）の３点を挙げ，リーン生産を採用するとリーン会計のすべての要素の利用度が上昇し，特に，VLPMの利用を通じて品質向上といった業務業績，そして財務業績を増加させる効果を確認した。なお，SMAPの採用

114　Fullerton R.R., Kennedy, F.A., and Widener, S.K. (2014) "Lean Manufacturing and Firm Performance ; The Incremental Contribution of Lean Management Accounting Practices," *Journal of Operations Management*, 32 : 414-428.

はVSCの採用を促し，VSCの採用がVLPMの採用を促すというリーン会計要素間の影響の構造を仮定している。

　Fullerton et al.（2014）は，リーン会計の要素間の関係を実証した点で評価されるものである。特に，管理会計上の計算だけではなく，計算された結果をどのように「見える化」して現場に伝えるのかというVLPMが業績に対して特に重要という興味深い知見を提供した。つまり，ボックス・スコアに代表されるリーン会計のツールは，その周知方法の側面が重要であることが，この研究を通じて見出されたといえる。

　ただし，Fullerton et al.（2014）は，そもそもリーン生産やリーン会計に興味を持つ企業を対象としたサンプルであるため，一般的な企業にどこまで拡張できるのかという限界を有している。そこで，群馬データをもとにしてSSRN（Social Science Research Network）に投稿されているワーキングペーパー「リーン生産と業績指標：日本企業から得られたエビデンス」[115]では，一般的な群馬県の工場・事業所を無作為抽出して結果の一般化を図っている（Arai, 2019）。Arai（2019）では，サンプリングを一般化したうえで，図表7－4にあるような分析を共分散構造分析と呼ばれる手法で実施した[116]。

　この結果は，基本的にはFullerton et al.（2014）の結果と同様のものであった。ただし，リーン会計に影響する要因として，彼女たちのように直接リーン生産を仮定するのではなく，第5章で議論したエイジェン

115　Arai, K. (2019) "Lean Manufacturing and Performance Measures : Evidence from Japanese Factories," Available at SSRN : http://dx.doi.org/10.2139/ssrn. 3471020.

116　なお，サンプリングについては巻末の図表補－1のとおりである。また，群馬データについては，図表補－5が測定項目を，図表補－6が探索的因子分析の結果を，図表補－7が確証的因子分析の結果を，図表補－8が記述統計量を示しているので参考にされたい。

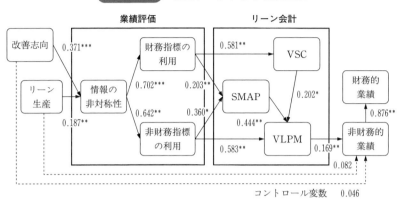

図表 7 − 4　群馬データによる検証結果

*，p＜0.05；**，p＜0.01；***，p＜0.001。
Chi sq：4326.026(d.f.：666, p＜0.01), CFI：0.914, TLI：0.907, SRMR：0.102, RMSEA：0.061。

シー理論に従い，情報の非対称性の増加が業績指標の利用を促し，結果としてリーン会計の利用度が高まるという分析モデルとなっている。いずれも，仮説上の関係は統計的に有意なものであった。つまり，リーン生産の導入は（改善志向と同様に）現場への権限移譲が行われるために情報の非対称性が増加し，財務・非財務双方の業績指標の利用が増加し，結果としてリーン会計の 3 要素の利用が増加し，特に「見える化」である VLPM を通じて工場・事業所の業績に貢献するのである。また，リーン生産を導入しても，リーン会計を導入しないと有意な業績向上に結びついていないことも興味深い結果といえるだろう。

　なお，図表補− 4 を参照すれば，リーン会計の質問項目が，ボックス・スコアのような形式的に完成された内容について聞いているのではなく，リーン会計の個別の要素がどの程度採用されているのかを測定していることがわかるだろう。これは，日本企業において，リーン会計そのもの

とはいえなくても，どれほどリーン会計「的」な生産管理会計実践が行われているのか，そして，それらが業績の工場にどれだけ寄与しているのかを分析しようとしているためである。

　つまり，リーン会計「的」な生産管理会計は，特にリーン生産を実施している企業では，日本企業でも相当程度導入が進んでおり，また，業績の向上と結びついている。なお，ここでのリーン会計「的」な生産管理会計とは，複雑な配賦計算などを行わない SMAP，部門単位での損益計算を行う VSC，そして VSC の結果や非財務情報を現場に表示するという VLPM の 3 要素である。

　このような結論は，リーン会計のように完成された形式ではない生産管理会計であっても，その要点さえ押さえておけば効果的であることを示唆している。つまり，リーン生産を導入している企業は，おそらくは自発的にリーン会計と同じ要素を持つ生産管理会計を構築していったのだと推定される。もちろん，今後リーン生産を導入した企業にとっては，リーン会計という完成されたフォーマットでの導入のほうが容易であることは間違いない。しかしながら，「リーン会計」という考え方がほとんど知られていない日本企業においても，多くの企業が自発的にリーン会計の要素を含む生産管理会計を構築していた点は，リーン会計の普遍性を物語るものといえる。

4　小　　括

　本章では，リーン生産にふさわしい生産管理会計の具体的な会計システムとして，リーン会計を取り上げた。リーン会計において，特にボックス・スコアを利用することは，財務・非財務情報の統合，非財務情報としてのキャパシティ情報，そして部門別損益計算による利益情報，と

いう前章で導出したリーン生産下で望ましい 3 つの性質を満たしたもの
であった。また，学術的なエビデンスは，リーン会計の要素として，管
理会計システムの簡便化 (SMAP)，損益計算 (VSC)，そしてそれら業績
指標を「見える化」すること (VLPM) が，工場や事業所の業績に正の影
響を与えていることを示していた。特に群馬データから得られたエビデ
ンスは，リーン会計を導入している企業がほとんどない日本においても
リーン会計「的」な実務が相当程度普及している点，これらリーン会計
「的」な実務が高い業績と関連している点，という重要な 2 つの発見事実
を含んでいた。

第8章

結　　論

　リーン生産に適合的な生産管理会計はどのようなものか。この問に学術的な視点から答えるために，本書では多くの先行研究やそのエビデンスを確認し，場合によっては追加的な分析を実施しエビデンスを確認することで探求を行った。その探求は，図表8－1のようなものであった。

　まず，第1章では①の大量生産システムの問題点の顕在化とそれに伴

図表8－1　本書での議論の展開

生産システムの展開　　　　　　　タスク・コントロールのための生産管理会計

大量生産： 生産能率向上が至上命題	②	標準原価計算： 生産能率を測定する

①

リーン生産： 需要に応じた生産が至上命題 （作り過ぎのムダの排除）	③	？

うリーン生産の登場を確認した。続く第2章では大量生産の能率向上という市場命題と適合的な標準原価計算システムについて議論した。第3章では新しく登場したABCのような原価計算について議論し、③のようなリーン生産に対応した仕組みではないことを確認した。第4章では非財務情報を、第5章では利益情報を取り上げ、それぞれ③に該当しうる適合的なシステムであることを確認し、これらを統合した望ましい生産管理会計の性質を導出した。第6章では、より広範なエビデンスに基づいて、生産システムとは無関連に、伝統的な原価計算が逆機能的な行動をとらせていることを確認した。ただし、この逆機能的な行動は、特にリーン生産下で問題視されるものであった。第7章では、リーン生産に適合的な生産管理会計としてリーン会計を取り上げ、なぜこのリーン会計がリーン生産と適合的なのかを議論し、そのエビデンスを確認した。つまり、図表8－1の「？」に該当するものとして、現在のところは「リーン会計」が最も有力なのである。本章ではこの結論を、重要な論点に沿って、再度、確認することとする。

1　『レレバンス・ロスト』の先見性

キャプランらが『レレバンス・ロスト』で議論した望ましい生産管理会計の形は、本書の議論の基礎として、依然として有用であった。それは、『レレバンス・ロスト』では、以下の3つのタイプの生産管理会計の併存が主張されていた点である。

1. 財務諸表作成時に棚卸資産価額を算定するための「財務会計目的」
2. 管理不能な費目の配賦を含まないシンプルな「タスク・コントロール目的」

3．長期変動費を含んだ製品単位の「長期製品原価計算目的」

　我々が生産管理会計を理解しようとするとき，この３つのタイプの「異なる」会計システムに立ち返ることは重要だろう。なぜなら，本書で繰り返し確認してきたように，原価計算は逆機能的な行動を誘発しやすい。そのため，ある生産管理会計の実践が，一体，上記の３つのどのタイプのためのものなのかを理解しておかなければ，議論は噛み合わないまま進んでしまう。なまじ「原価計算」という同じ言葉を利用しているからか，上記の３つの目的を区別せずに議論が進んでしまうことはよくあることに注意されたい。

　本書の関心は，リーン生産下における２．の「タスク・コントロール目的」のための生産管理会計を議論してきた。そこでは，製品単位での原価計算を行わずに，部門別の損益計算が重要であるという議論が確認できた。典型例として「リーン会計」を取り上げ，またそのリーン会計の要素である管理会計システムの簡便化（SMAP），損益計算（VSC），そしてそれら業績指標を「見える化」すること（VLPM）の３つの要素が備わったリーン会計「的」な生産管理会計であってもリーン生産と適合的で効果があることを確認した。

　なお，１．の目的については原価計算基準に従った計算の必要があるし，３．の目的については『レレバンス・ロスト』にあるように必ずしも原価計算制度である必要がない点も，生産管理会計を考慮するうえでは重要であろう。ただし，これらの点について，本書ではほとんど関連するエビデンスに触れることができなかった。これらは今後の検討課題だろう。

2　標準原価計算は死んだのか

　標準原価計算の現代的役割についても確認しておこう。結論としては，標準原価計算の役割が死んだと宣言するのは時期尚早である。確かに，リーン生産が普及した工場や事業所の現場のタスク・コントロールにおいては，標準原価計算の役割は終焉したといえる。実際，需要に応じて１個流しで異なる種類の製品が流れてくるラインにおいて，個別製品原価の差異分析，特に能率差異のような分析を行うことは，大量生産時よりも有用性は薄れているのだろう。もちろん，仕損などを減らすための材料費数量差異は，管理において現場での標準原価計算は有用かもしれない。ただし，仕損などに限定した場合，原価計算ではなく直行率のような直接的な非財務情報による管理のほうが工数も少なく，また現場にとっても理解がしやすいだろう。

　しかし，工場長や工程管理者といったより上位階層の管理のために，Zimmerman (2019) が指摘したとおりに，標準原価計算は依然として有用なのかもしれない。阪神データのエビデンスでは，タスク・コントロール目的ではなく，予算管理目的との親和性が高いことが示されている。しかもこのエビデンスは「リーン生産下」という限定付きのものではなく，日本企業においてはかなり一般的なものである。一般的な管理会計研究の用語を用いれば，標準原価計算はタスク・コントロールではなく，事業所や工場そのものを管理対象とする「マネジメント・コントロール」に用いられているといってよいだろう。ただし，この「マネジメント・コントロール」のための原価計算については，エビデンスがわずかしかなく，その結果は未だに頑健であるとは言い切れない点に注意されたい。

3　個別製品原価を管理する

　現場で個別の製品についての原価計算が行われないというリーン会計の特徴は，個別の製品原価の上昇を招く，という危惧を抱くマネジャーも多いかもしれない。その点については，本書では一切触れることができなかったが，リーン会計の書籍では「原価企画」と関連付けて説明している。原価企画とは設計段階での原価管理手法であり，生産段階前で原価を作り込んでいく作業を指す。アセンブリー企業なら自らの研究開発段階での原価企画活動を行い，サプライヤー企業ならアセンブリー企業の原価企画活動に参加し，それぞれ実際の生産段階に入る前までに個別の製品原価を作り込んでおくのである。こうすれば，いざ生産してみたら原価が異常に高かったなどといった問題を回避できるし，事後的にコストのかかる個別製品の実際原価の計算プロセスを簡略化できる。

　また，製造段階で行われる原価改善額の算出においても，リーン会計は十全に機能すると思われる。第 4 章で触れたように，原価改善額は実際原価の差額原価として算出される。VSC の枠組みにおいては，個別製品原価にまでは改善額がブレークダウンされなくても，企業への総額としての貢献は財務的に計算可能だろう。

4　リーン会計を導入する

　さて本書では，リーン会計がどのようなものなのかについては紹介したが，リーン会計をどのように導入するのかについては触れることができなかった。本書の最後にこの点についての私見を述べよう。

　まず，カンバン，1 個流し，セル生産といったリーン生産を導入して

いる工場・事業所については，リーン会計を導入して，さらなる業績の向上を狙うのがよいだろう。ただし，リーン会計というのは ERP のようなソフトウェアではないし，それを専門としているコンサルタントも（日本国内には）おそらくいないだろう。これは，自力でリーン会計を理解し，導入しなければならないことを意味している。にもかかわらず，リーン会計自体の包括的な解説書は Maskell et al.（2011）と McVay et al.（2013）の 2 冊しかなく，いずれも英語で執筆されており日本語訳は存在しない。

　このような困難な状況にもかかわらず，筆者はリーン会計の導入には楽観的である。というのも，リーン会計「的」な要素は，リーン生産と相性が良いばかりか，多くの工場・事業所で自発的に構築されているものが多いからである。下記の図表 8 − 2 の要点を押さえれば，自社独自の生産管理会計としてリーン会計「的」なものを構築することは，比較的容易ではないだろうか。

　また，リーン生産を導入していない企業において，リーン会計を導入する是非を考えよう。この点については，5 S や段取り時間の削減を志向

図表 8 − 2　リーン生産下での生産管理会計の要点

内　　容	要　　点
SMAP： 　単純化された戦略管理会計	●配賦を含む個別の製品原価の計算を廃止する。
VSC： 　価値流列原価計算	●VS といった部門別単位での損益計算を実施する。 ●損益計算には配賦を含めない。 ●損益計算では棚卸資産への繰り越しを行わない。 ●週次かそれ以下の期間で計算する。
VLPM： 　業績指標の「見える化」	●VSC の結果と，その他の非財務情報の結果を統合して，現場の従業員にわかりやすく掲示する。

する，いわゆる改善志向が普及していれば，少なくとも効果があると群馬データのエビデンスは示している。ただし，この効果については，リーン生産によるさらなる効果も期待できるため，どちらが先なのかという問題があるにせよ，リーン生産とリーン会計の双方の導入が効果的といえるだろう。

　ただし，これら導入に関する議論は，いずれも筆者の私見に過ぎない。リーン会計の導入についての学術的なエビデンスについては，今後の蓄積を期待しなければならない点に注意されたい。

データおよび分析結果の概要

| 図表 補－1 | | 阪神データと群馬データのサンプリングの概要 |

	阪神データ	群馬データ
対象	データフォーラム社製「工場ガイド西日本1（改訂第2版）CD-ROM版」に掲載されていた工場・事業所のうち，従業員が100人以上で，兵庫県神戸市，尼崎市，西宮市，明石市，芦屋市（いわゆる阪神工業地帯）に所在する延べ399の工場・事業所。	一般社団法人群馬経済研究所から提供された名簿に掲載された群馬県内の製造業の延べ670の工場・事業所。
サンプリングの時期	2008年2月中旬に送付し，初回の締切を2008年2月29日に設定。はがきによる督促後の締切は2008年3月15日とした。	2018年6月下旬に送付し，初回の締切を2018年7月31日に設定。はがきによる督促後の締切は2018年8月31日とした。
サンプルサイズ	n＝97（返信率24.3%）	n＝175（返信率26.1%）
サンプルの従業員数	M＝416.8（SD＝766.35）	M＝103.21（SD＝144.05）
（うち，食品業）	25（25.8%）	13（9.5%）
（うち，繊維・衣服）	4（4.1%）	4（2.9%）
（うち，金属製品）	7（7.2%）	25（18.2%）
（うち，一般機械）	16（16.5%）	10（8.0%）
（うち，パルプ・紙）	0（0%）	1（0.7%）

(うち，化学)	8 (8.2%)	13 (9.5%)
(うち，医薬品)	0 (0%)	0 (0%)
(うち，ゴム製品)	3 (3.1%)	3 (2.2%)
(うち，鉄鋼)	6 (6.2%)	0 (0%)
(うち，ガラス・土石製品)	3 (3.1%)	13 (2.2%)
(うち，非鉄金属)	4 (4.1%)	6 (4.4%)
(うち，電気機器)	8 (8.2%)	15 (10.9%)
(うち，輸送用機器)	5 (5.2%)	25 (19.0%)
(うち，精密機器)	2 (2.1%)	6 (4.4%)
(うち，その他)	6 (6.2%)	11 (8.0%)

図表 補－2 原価計算目的についての因子分析の結果（阪神データ）

	予算管理 因子負荷量	タスク・コントロール 因子負荷量
予算統制（予算と実績の比較）	0.86	
予算編成（予算の作成）	0.79	
差異分析	0.69	
経営意思決定	0.68	
原価管理	0.65	
設備投資の意思決定	0.65	
本社・事業本部などへの報告	0.59	
自製か外注の意思決定	0.57	
作業管理者の管理		0.88
納期管理		0.86
作業員の管理		0.83
品質管理		0.67
在庫管理		0.45

最尤法，オブリミン回転による推定。因子負荷量が0.4未満のものは報告を省略している。分析に際しては，R ver3.6.1を用い，psychパッケージ内のfa関数を利用している。

図表 補-3 原価計算目的の因子得点が標準の厳格度に与える影響（阪神データ）

	係数	z 値（p 値）
「予算管理」因子得点	0.723	2.26*
「タスク・コントロール」因子得点	−0.142	−0.52
AIC（赤池情報量規準）		188.97

被説明変数は，標準設定の設問に対して，「標準原価を計算していない：0」，「実績平均値：1」，「趨勢を加味した実績の平均値：2」，「現実を反映した理論数値：3」「理想的な製品原価：4」をとるため，順序ロジット回帰による推定を行った。分析に際しては，R ver3.6.1を用い，ordinal パッケージ内の clm 関数を利用している。*：$p < 0.05$。

図表 補-4 多能工化の測定尺度

測定項目	平均値
生産に関する改善活動の際に，チームのメンバー全員から意見を集めるように努める	5.11
作業員はほとんどの作業を管理者の指示を仰ぐことなくこなす	4.55
作業員は多様な作業・工程に対応出来るように訓練されている	4.75
工場は問題を解決するためにチーム・小集団を組織する	5.10
作業員は新しい技能・資格を身につけると報酬が増える	3.94
過去の数年間，多くの生産に関する問題は小集団によって解決されてきた。	4.35
生産計画は作業員に毎日伝達される	5.55
この工場は作業員自身が意思決定するのに適している	3.92
管理者の決定がないと作業員はほとんど作業が出来ない*	5.33

設問は，「貴工場・事業所で採用している生産管理システムについてお答えください」というもので，「全く異なる（1点）」から「全くその通り（7点）」の7点リカートスケールによって測定した。*印は，反対の意味で聞いている逆転項目で，数値を反対にして分析する。クロンバックの α は0.62。これら項目の平均値が7に近ければ近いほど，多能工化が進んでいるといえる。

リーン生産（Fullerton et al.（2014）を翻訳）

貴工場・事業所で採用している生産管理手法についてお答えください。それぞれの項目ごとに1（全く実施していない）から5（かなりの程度実施している）のいずれかの数字を○で囲んでください。：

- 標準化したシステムの採用
- セル生産・屋台生産
- 段取り時間の削減
- かんばん方式の採用
- 一個流し生産方式の採用
- ロット・サイズ(製品生産単位)の縮小
- 5S（整理・整頓・清掃・清潔・躾）の実施
- 継続的改善（非効率性・障害の低減等，日常的な改善）

情報の非対称性（Dunk（1993）を参考に開発）

貴工場・事業所の工程や部門の情報は，工場管理者（工場長・生産管理責任者レベル）と，現場（工程の班長・職長以下レベル）にどの程度分布していますか。1（工場管理者がより良い情報を有する）～4（工場管理者と現場で同等）～7（現場がより良い情報を有する）のいずれかの数字を○で囲んでください。

- 各生産現場で実施された活動についての詳細な情報
- 各生産現場の固有の投入・産出物についての理解
- 各生産現場のパフォーマンスの潜在的な可能性
- 各生産現場における生産技術についての理解
- 各生産現場における内部要因が，その現場の生産活動に与える潜在的な影響の評価
- 各生産現場がどのように目標を達成できるかの理解

業績評価における財務情報の利用（Arai et al.（2013）を利用）

貴工場・事業所の工程や部門の管理者（いわゆる職長）は，どのような情報を用いて評価されていますか。次のそれぞれの情報について，1（全く重要な情報ではない）から5（非常に重要な情報である）のいずれかの数字を○で囲んでください。なお，工程や部門によって異なる場合は，平均値をお答えください。

- 原価に関する情報
- 部門別の利益に関する情報
- 工場・事業所全体の利益に関する情報
- 自社全体の利益に関する情報

業績評価における非財務情報の利用（Arai et al.（2013）を利用）

貴工場・事業所の工程や部門の管理者（いわゆる職長）は，どのような情報を用いて評価されていますか。次のそれぞれの情報について，1（全く重要な情報ではない）から5（非常に重要な情報である）のいずれかの数字を○で囲んでください。なお，工程や部門によって異なる場合は，平均値をお答えください。

- 納期に関する情報
- 能率に関する情報
- 設備の操業度・利用度に関する情報
- 品質に関する情報

単純化された戦略管理会計：SMAP（Fullerton et al.（2014）を翻訳）

貴工場・事業所で採用している管理会計システムについてのお考えをお答えください。それぞれの項目ごとに1（全くそう思わない）から5（全くそう思う）のいずれかの数字を○で囲んでください。

- 自社の会計システムは過去三年以内に簡略化された
- 自社の決算手続は簡略化されている
- 自社の会計システムは，自社の戦略的実施計画の策定・実行を支援する
- 自社の会計システムは，戦略的な意思決定を支援する

価値流列原価計算：VSC（下記の設問にともに「はい」と答えた企業）

1．工場での部門別利益計算では，予算を作っている。
2．工場での部門別利益計算は，月次かそれよりも短いスパンで作っている。

業績指標の「見える化」：VLPM（Fullerton et al.（2014）を翻訳）

貴工場・事業所で採用している管理会計システムについてのお考えをお答えください。それぞれの項目ごとに1（全くそう思わない）から5（全くそう思う）のいずれかの数字を○で囲んでください。

- 多くの業績指標が工程単位で収集されている
- 業績指標は業務上の目標と整合的である
- 従業員の間で視覚的に情報を共有するための掲示がある
- 品質情報は簡単に利用することができる
- 仕損率を表した図表が現場に張り出されている
- 生産組織の見取り図を作成している
- 生産性情報は簡単に利用することができる
- 品質情報が作業現場に掲示されている
- 原価情報が作業現場に掲示されている
- 売上高・収益情報が作業現場に掲示されている
- 設備の操業度・利用度が作業現場に掲示されている

業務業績（Fullerton et al.（2014）を翻訳）

貴工場・事業所の直近3年間で業務成果および財務業績がどのように変化したかについてお答えください。それぞれの項目ごとに1（大きく悪化した）から5（大きく改善した）のいずれかの数字を○で囲んでください。

- 作業屑の削減
- 補修時間の減少
- 機械段取時間の短縮
- 手待時間・移動時間の短縮
- 設備の遊休時間の短縮
- ロット・サイズ（製品生産単位）の縮小
- サイクル・タイム（製品1個当たりの製造時間）の短縮

財務業績（Fullerton et al.（2014）を翻訳）

貴工場・事業所の直近3年間で業務成果および財務業績がどのように変化したかについてお答えください。それぞれの項目ごとに1（大きく悪化した）から5（大きく改善した）のいずれかの数字を○で囲んでください。

- 売上高
- 総資産利益率（ROA）
- 会社全体の利益
- 市場シェア

図表 補－6　群馬データの探索的因子分析

	VLPM	情報の非対称性	財務業績	財務情報利用	SMAP	業務業績	非財務情報利用	改善志向	リーン生産
VLPM-工程単位業績指標	0.78								
VLPM-仕損率図表	0.74								
VLPM-生産性情報	0.73								
VLPM-組織の見取り図	0.68								
VLPM-品質情報	0.68								
VLPM-視覚的掲示	0.65								
VLPM-目標整合性	0.43								
情報の非対称性-活動詳細		0.75							
情報の非対称性-パフォーマンス		0.74							
情報の非対称性-投入・産出物理		0.73							
情報の非対称性-生産技術		0.72							
情報の非対称性-内部要因影響		0.71							

情報の非対称性-目標達成	0.59							
財務業績-利益		0.99						
財務業績-ROA		0.92						
財務業績-売上高		0.81						
財務業績-市場シェア		0.61						
財務情報利用-自社利益			0.88					
財務情報利用-工場利益			0.84					
財務情報利用-原価			0.67					
財務情報利用-部門別利益			0.66					
SMAP-戦略的実施計画支援				0.85				
SMAP-戦略的意思決定支援				0.82				
SMAP-決算簡略化				0.74				
SMAP-管理会計簡略化				0.66				
業務業績-手待時間					0.75			
業務業績-段取時間					0.70			
業務業績-サイクル・タイム					0.66			
業務業績-ロット・サイズ					0.63			
業務業績-仕損					0.58			
非財務情報利用-品質						0.72		
非財務情報利用-納期						0.72		
非財務情報利用-キャパシティ						0.68		
非財務情報利用-能率						0.59		
改善志向-継続的改善							0.94	
改善志向-5S							0.86	
改善志向-段取り時間							0.35	
リーン生産-一個流し								0.78
リーン生産-カンバン								0.75
リーン生産-セル生産								0.65

最尤法，オブリミン回転による推定。因子負荷量が0.4未満のものは報告を省略している。因子負荷量が小さい項目，あるいは複数の因子に負荷している項目は削除した。先行研究では1つの因子であったリーン生産は，改善志向とリーン生産に分割されている。情報の非対称性のみ7点リカートスケールのため，5/7倍して分析に利用している。分析に際しては，R ver3.6.1を用い，psychパッケージ内のfa関数を利用している。

図表 補-7　群馬データの確証的因子分析

項目	標準化係数	z値
改善志向-継続的改善	0.559	
改善志向-5S	0.828	6.562
改善志向-段取り時間	0.890	6.574
リーン生産-一個流し	0.672	
リーン生産-カンバン	0.709	6.459
リーン生産-セル生産	0.802	6.640
情報の非対称性-活動詳細	0.778	
情報の非対称性-パフォーマンス	0.703	8.095
情報の非対称性-投入・産出物理	0.734	8.555
情報の非対称性-生産技術	0.710	8.184
情報の非対称性-内部要因影響	0.713	8.219
情報の非対称性-目標達成	0.641	7.316
財務情報利用-自社利益	0.762	
財務情報利用-工場利益	0.749	8.813
財務情報利用-原価	0.862	10.245
財務情報利用-部門別利益	0.839	9.977
非財務情報利用-能率	0.835	
非財務情報利用-キャパシティ	0.803	9.235
非財務情報利用-品質	0.682	7.907
SMAP-決算簡略化	0.593	
SMAP-戦略的実施計画支援	0.975	8.146
SMAP-戦略的意思決定支援	0.955	8.161
VLPM-工程単位業績指標	0.639	
VLPM-仕損率図表	0.703	6.862
VLPM-生産性情報	0.726	7.040
VLPM-組織の見取り図	0.598	6.013
VLPM-品質情報	0.647	6.424
VLPM-視覚的掲示	0.775	7.393
VLPM-目標整合性	0.719	6.986

業務業績-仕損	0.605	
業務業績-段取時間	0.728	6.376
業務業績-手待時間	0.815	6.682
業務業績-サイクル・タイム	0.677	6.036
財務業績-利益	0.800	
財務業績-ROA	0.945	13.207
財務業績-売上高	0.909	12.808

Chi　sq：773.417（d.f.：553, p＜0.01）, CFI：0.912, TLI：0.900, SRMR：0.064, RMSEA：0.054。
図表補－6の結果選択された項目から，さらに，因子負荷量が0.6以下の項目を削除している。情報の非対称性のみ7点リカートスケールのため，5／7倍して分析に利用している。分析に際しては，R ver3.6.1を用い，lavaanパッケージ内のsem関数を利用している。

図表 補 − 8　群馬データの相関係数と記述統計量

	項目数	1	2	3	4	5	6	7	8	9	10	M	$S.D.$	Cr.α	Comp. reliability
1．改善志向	3	0.76										3.65	0.80	0.78	0.80
2．リーン生産	3	.26**	0.73									2.41	1.02	0.77	0.87
3．情報の非対称性	6	.26**	.28**	0.71								2.71	0.69	0.86	0.86
4．財務情報利用	4	.18*	.16	.13	0.80							3.60	0.93	0.88	0.89
5．非財務情報利用	3	.28**	.19*	.16	.52**	0.79						4.03	0.73	0.81	0.83
6．SMAP	3	.27**	.10	.01	.20*	.28**	0.87					2.80	0.93	0.87	0.90
7．VSC		.09	.13	.03	.27**	.13	.23*	-				0.30	0.46	-	-
8．VLPM	7	.40**	.27**	.10	.41**	.38**	.36**	.15	0.69			3.04	0.87	0.86	0.86
9．業務業績	4	.24**	.30**	.01	.14	.24**	.32**	.21*	.28**	0.71		3.20	0.45	0.80	0.80
10．財務業績	3	.19*	.07	.17	.06	.10	.24*	.05	.07	.29**	0.88	3.18	0.81	0.91	0.91

n=135. 相関係数表の対角線上は，AVE（平均分散抽出）の2乗値を太字で記載している。情報の非対称性のみ7点リカートスケールのため，5／7倍して分析に利用している。*：p＜0.05；**：p＜0.01。分析に際しては，R ver3.6.1を用いている。

謝　辞

　本書の執筆に至るまで，とてもここでは書ききれないほど多くの方にお世話になった。紙幅の関係もあり一部の方に限られてしまうが，謝辞を述べたい。

　まず，学部時代の指導教官である吉田栄介先生（慶應義塾大学）に感謝申し上げたい。先生には，管理会計学者としてのロールモデルを提示していただいた。さらには，研究者としてだけでなく教育者としても目指すべき理想像であった。先生が，経験的なデータをもって原価企画の効果を検証された書籍『持続的競争優位をもたらす原価企画能力』を上梓された際，筆者はまだ学部の3年生だった。先生から書籍を手渡され，その内容の半分くらいを理解できなかった点に落胆し，理解できた半分について知的興奮を覚えたことを，昨日のことのように思い出せる。

　その吉田先生の大学院時代の指導教員であった加登豊先生（当時は神戸大学，現在は同志社大学）には，筆者自身も大学院から指導を賜った。研究者としての専門性を養うための訓練は苛烈を極め，正直に言って地獄のような日々であったが，その基礎体力が，今でも貴重な資産となっている。そして，院生時代には，研究のことだけを考える環境を構築していただいた。今になって，朝から晩まで研究のことだけを考えていられるあの環境は，もしかしたら天国のような日々であったのではないかと振り返ることができる。加登先生にも，そして吉田先生にも，研究論文や研究書を出すことが恩返しであると「恩は研究で返せ」と言われたことがある。本書が，わずかでもその恩返しにあたれば幸いである。

　神戸大学管理会計研究会の先生方にも，深く感謝している。小林哲夫先生（神戸大学名誉教授）には現在に至るまで研究の基本を問い続けても

らっており，自分自身の考えの浅さを自覚させてくれる。谷武幸先生(神戸大学名誉教授)には，修士論文の副査として，研究者のキャリアの初期に，文献と向き合う姿勢や批判の仕方を教示していただいた。松尾貴巳先生（神戸大学）には，修士の頃から講義と共同研究を通じて，実務的な視点と学術的な視点の異同を学ばせていただいた。博士論文の副査である三矢裕先生（神戸大学）からは，文章の書き方から質的研究の注意点など広範な指導を賜った。また，博士論文の副査である梶原武久先生(神戸大学)には，研究をマネジメントし続けるための姿勢を教わった。國部克彦先生（神戸大学）には，研究の方法論的な基盤に対して，常に批判的な眼差しを向けることの必要性を教わった。

　大学院時代の同級生である服部泰宏先生(神戸大学)，西谷公孝先生(神戸大学)，三光寺由実子先生（和歌山大学），宮本琢也先生（久留米大学），山﨑喜代宏先生（東北大学）らとは，議論や共同研究を通じて，ともに研究者としてのキャリアをスタートさせることができて幸運であった。学部時代からの同級生である福島一矩先生（中央大学）や，他大学の大学院生であったにもかかわらず大学院時代からの研究仲間であった妹尾剛好先生（中央大学），庵谷治男先生（東洋大学），目時壮浩先生（早稲田大学）と切磋琢磨できたことは，これもまた幸運であった。研究室の同門である李建先生（追手門学院大学），島吉伸先生（近畿大学），朴鏡杓先生（香川大学），松木智子先生（帝塚山大学），河合隆治先生（同志社大学），坂口順也先生（名古屋大学），山田伊知郎先生（桃山学院大学），大浦啓輔先生（立命館大学），北尾信夫先生（関西外国語大学），福嶋誠宣先生（京阪アセットマネジメント）にも，学会や研究会などを通じてご指導を賜った。特に大浦先生には，筆者の先輩としてだけでなく，最初の共同研究者として多くのご指導を賜った。また，福嶋先生には，多くの共同研究や筑波大学MBA の共同講師として，様々な社会的なマナーから統計的分析技法の

あり方まで広く深くご指導を賜った。

　大学や分野を超えた共同研究や講義，セミナーを通じてのご指導にも感謝申し上げたい。共同作業の年代順にお名前を挙げさせていただくと，安酸建二先生（近畿大学），挽文子先生（一橋大学），伊藤克容先生（成蹊大学），大西靖先生（関西大学），北田皓嗣先生（法政大学），堀口真司先生（神戸大学），横田絵理先生（慶應義塾大学），北林孝顕先生（川崎重工業），藤原靖也先生（和歌山大学），後藤励先生（慶應義塾大学），濱島ちさと先生（帝京大学），田村寛先生（京都大学），槇下慎一郎先生（槇下公認会計士事務所），前平秀志さん（WSC），戸谷圭子先生（明治大学），水野誠先生（明治大学），石井晃先生（鳥取大学），大西立顕先生（東京大学），小沢佳奈先生（流通経済大学），根本裕太郎先生（NEC），梶原晃先生（久留米大学），清水信匡先生（早稲田大学），佐久間智広先生（松山大学），劉美玲先生（鹿児島大学），北田智久先生（近畿大学），濵村純平先生（桃山学院大学），小笠原亨先生（熊本学園大学），佐々木多恵先生（常葉大学），早川翔先生（流通科学大学），吉田政之先生（尾道市立大学），樹下芳久先生（群馬経済研究所），河村英輝先生（群馬経済研究所），平井裕久先生（神奈川大学），廣瀬喜貴先生（大阪市立大学），牧野功樹先生（釧路短期大学），川野純子さん（熊谷市），町田遼太先生（早稲田大学），上田巧先生（早稲田大学），荻原啓佑先生（早稲田大学），井上謙仁先生（近畿大学），そして松尾睦先生（北海道大学）に，感謝申し上げる。なお，槇下先生，牧野先生は小菅貴行さんとともに筆者の研究室の大学院生として，現在も学術的な切磋琢磨に励んでいる。本書が少しでも彼らの学究に示唆を持てば望外の喜びである。

　これまでの，そして現在の勤務先の皆様にも感謝を申し上げたい。前職の群馬大学では，教員として，また学長特別補佐としての業務を通じて多くの方にお世話になった。すべての方のお名前を列挙しきれないが，平塚浩士先生，富山慶典先生，高山利弘先生，花屋実先生，山内春光先

生，伊藤賢一先生，岩井淳先生，前田泰先生，杉山学先生，北村純先生，井門亮先生，河島基弘先生，大野富彦先生，高木理先生，坂本和靖先生，松井猛先生，永野清仁先生，吉良知文先生，平田知久先生，川畑泰子先生のお名前を挙げさせていただき，謝意を表したい。また，坂本和秀企画評価課長をはじめとする事務の皆様にも多くの支援を賜った。現職の大阪府立大学では，本書執筆のための考えうる限りの最高の環境を用意いただいている。前任の山本浩二先生（現在，大阪学院大学）には，着任前から多くのご配慮を賜っている。また，本書の第1章にある通り，山本委員会報告書は，本書の最初のパズルの1ピースであり，本書にとって欠かせない成果であった。研究科長である水鳥能伸先生，学類長である中山雄司先生には，研究環境を整備いただいているだけでなく，本書の出版の助成金の推薦書をしたためていただいた。辻峰男先生には，着任時に書籍を出版する意義を説いていただき，本書執筆の直接のきっかけを賜った。経営学グループの上野山達哉先生，西澤眞三先生，小嶋宏文先生，今井希先生には，日頃から様々な配慮を賜っている。宇野浩司先生，吉川丈先生，住田守道先生，古川朋雄先生をはじめとする経済学グループ・法学グループの先生方には，分野を超えてお世話になっている。記して，感謝申し上げる次第である。

　本書の出版に際してはメルコ学術振興財団の出版助成を頂いている。牧寛之代表理事をはじめとする理事，役員の皆様に最大限の感謝を申し上げる。また，上總康行先生には出版助成の意義を教示いただいた。そして，高橋賢先生（横浜国立大学），横田絵理先生（慶應義塾大学），伊藤和憲先生（専修大学），高梠真一先生（久留米大学），長坂悦敬先生（甲南大学）の5名の選考委員の皆様には，本書の出版助成の適否を審査いただいた。さらには事務局の武山幸司事務局長，山田敬子様には，出版までの実務対応で大変お世話になった。これらの方々に感謝申し上げる。

　そして，これまでの私のゼミで卒業していった学生たちや講義を担当した社会人院生たちとの議論も，本書の議論に欠かすことのできないインプットとなっている。彼らからは教えることよりも教わることのほうが多かったのかもしれない。ありがとう。

　本書の出版に際しては，中央経済社の長田烈氏に編集を担当いただいた。文章力が低めの筆者がこのような書籍を仕上げることができたのは，ひとえに長田氏の助力によるものである。深く感謝申し上げる。もちろん，有り得べき誤謬はすべて筆者の責任であることは言うまでもない。

　そして，本書の校正においては，神戸新聞編集局整理部の神谷千晶氏の助力を賜った。さすが校正を本職とされているだけあって，その作業は実に頼もしいものであった。今後も，同じ作業を依頼することもあるかもしれないが，お付き合いいただければ幸いである。

　最後に，父孝易，母万知子，姉景子をはじめとする家族に感謝したい。大学院に進学するという放蕩を重ねた息子であったが，本書の出版をもって少しでも社会に貢献したことを示しておきたい。

なかもずキャンパスにて

新井　康平

参考文献

［和文］

浅田孝幸ほか（1998）『管理会計・入門（初版）』有斐閣。

安倍悦夫・嘉永欣三郎・山口一臣（2002）『ケースブックアメリカ経営史』有斐閣。

新井康平（2009）『生産管理会計の実証的研究』神戸大学博士論文。

新井康平・加登豊・坂口順也・田中政旭（2009）「製品原価計算の設計原理：探索的研究」『管理会計学』18(1)：49-69。

新井康平・服部泰宏（2014）「経営学に関する宣言的知識：普及状況の実態調査」『日本情報経営学会誌』34(2)：40-50。

新井康平・廣瀬喜貴・牧野功樹（2018）「売上高変動と固定化：四半期データによる経験的検証」『会計プログレス』19：33-47。

新井康平・福嶋誠宣・安酸建二・栗栖千幸（2019）「キャパシティの利用度と混雑コスト：探索的研究」2019年度日本原価計算研究学会関西部会・日本管理会計学会関西・中部部会（共催）報告。

伊藤克容（2019）『組織を創るマネジメント・コントロール』中央経済社。

伊藤博（1970）『管理会計の基礎：アメリカ管理会計論史の素描』白桃書房。

稲盛和夫（1998）『稲盛和夫の実学：経営と会計』日本経済新聞社。

入山章栄（2019）『世界標準の経営理論』ダイヤモンド社。

上埜進・長坂悦敬・杉山善浩（2002）『原価計算の基礎：理論と計算』税務経理協会。

庵谷治男（2012）「現場レベルでの利益責任と会計情報の利用」『經營と經濟』91(4)：67-94。

庵谷治男（2015）「TDABC 研究の体系化と方向性：国内研究及び海外研究のレビューを中心に」『メルコ管理会計研究』8(1)：17-36。

庵谷治男・新井康平・小野慎一郎・妹尾剛好・福島一矩・目時壮浩（2018）「日本企業におけるコスト構造とコストドライバーの変化：1980年－2009年における我が国製造原価明細書の分析」『長崎大学経済学部研究年報』34：17-26。

大野耐一（1978）『トヨタ生産方式：脱規模の経営をめざして』ダイヤモンド社。

岡野浩（1994）「新しい管理会計の出発」会計フロンティア研究会編『管理会計のフロンティア』中央経済社。

岡本清（1969）『米国標準原価計算発達史』白桃書房。

岡本清（2000）『原価計算　六訂版』国元書房。

小沢浩（2010）「原価計算に関する時代背景」山本浩二編『原価計算の導入と発展』森山書店：11-30。

上總康行（1989）『アメリカ管理会計史（上巻）：萌芽期－生成期』同文舘出版。

上總康行・澤邉紀生（2005）「京セラのアメーバ経営と利益連鎖管理（PCM）」『企業会計』57(2)：97-105。

加登豊(1989)『管理会計研究の系譜：意思決定目的モデルから意思決定支援システムへ』税務経理協会。

加登豊・山本浩二（1996）『原価計算の知識』日本経済新聞社。

金房広幸（2000）「生産システムの史的展開」宗像正幸・坂本清・貫隆夫編『現代生産システム論：再構築への新展開』ミネルヴァ書房：35-56。

北田智久（2016）「日本企業におけるコストの反下方硬直性」『管理会計学』24(1)：47-63。

小林啓孝（1997）『現代原価計算講義　第2版』中央経済社。

櫻井通晴(2014)「現代の管理会計にはいかなる体系が用いられるべきか：マネジメント・コントロール・システムを中心に」『Business Review of the Senshu University』99：9 -34。

櫻井通晴（2014）『原価計算』同文舘出版。

清水孝（2000）「企業間原価管理の意義と領域」『早稲田商学』384：75-97。

清水孝（2018）『論点で学ぶ原価計算』新世社。

首藤昭信（2010）『日本企業の利益調整：理論と実証』中央経済社。

鈴木良始（2000）「アメリカ大量生産システムの成熟と変容」宗像正幸・坂本清・貫隆夫編著『現代生産システム論：再構築への新展開』ミネルヴァ書房：59-81。

高橋邦丸・椎葉淳・佐々木郁子（2016）「需要の不確実性とコスト構造：日本企業データを用いた分析」『青山経営論集』51(3)：151-167。

田中隆雄（1982）『管理会計発達史』森山書店。

辻厚生（1988）『管理会計発達史論　改訂増補版』有斐閣。

西澤脩（1998）「転換を迫られる日本企業の経営管理会計」『企業会計』50(2)：220-223。

早川翔・吉田政之・小山真実・安酸建二（2018）「過剰生産と将来業績：製造原価を用

いた残差分析」『神戸大学大学院経営学研究科ワーキングペーパー』201804a。

挽文子（2007）『管理会計の進化：日本企業にみる進化の過程』森山書店。

平井裕久・椎葉淳（2003）「販売費および一般管理費のコスト・ビヘイビア」『管理会
　　計学』14(2)：15-27。

廣本敏郎（1993）『アメリカ管理会計論発達史』森山書店。

廣本敏郎・挽文子（2015）『原価計算論　第3版』中央経済社。

福島一矩（2009）「日本企業における標準原価計算の歴史的展開：実態調査の文献サー
　　ベイに基づく考察」『商学論集（西南学院大学）』56(1)：77-97。

藤野雅史（2010）「原価管理思考の萌芽(1)：三菱電機神戸製作所における標準原価計算
　　の導入と適応」山本浩二編『原価計算の導入と発展』森山書店：11-30。

藤本隆宏（1997）『生産システムの進化論：トヨタ自動車にみる組織能力と創発プロセ
　　ス』有斐閣。

藤本隆宏（2001）『生産マネジメント入門Ⅰ：生産システム編』日本経済新聞社。

三木僚祐（2012）「レレバンス・ロストの再考」『経営情報研究』20(1)：61-81。

溝口一雄（1985）『最新例解原価計算　増補改訂版』中央経済社。

溝口一雄編（1987）『管理会計の基礎』中央経済社。

三矢裕（2003）「ミニ・プロフィットセンター研究のレビュー：課題と展望」『會計』
　　164(2)：252-266。

宗像正幸（2000）「現代生産システムの理論的課題」宗像正幸・坂本清・貫隆夫編著『現
　　代生産システム論：再構築への新展開』ミネルヴァ書房：15-34。

目時壮浩・庵谷治男・新井康平・妹尾剛好・福島一矩（2016）「間接費配賦の理論的基
　　礎：文献レビューを通じた検討」『武蔵大学論集』64(1)：1-9。

門田安弘（1991a）『新トヨタ・システム』講談社。

門田安弘（1991b）『自動車企業のコスト・マネジメント：原価企画・原価改善・原価
　　計算』同文舘出版。

安酸建二（2012）『日本企業のコスト変動分析』中央経済社。

安酸建二・新井康平・福嶋誠宣編著（2017）『販売費及び一般管理費の理論と実証』中
　　央経済社。

山口朋泰（2011）「実体的裁量行動の要因に関する実証分析」『管理会計学』19(1)：
　　57-76。

山本浩二編著（2010）『原価計算の導入と発展』森山書店。

吉田栄介・福島一矩（2010）「日本企業におけるコストマネジメントに関する実証研究：原価企画とMPCを中心として」『原価計算研究』34(1)：78-91。

吉田栄介・福島一矩・妹尾剛好・徐智銘（2017）『日本的管理会計の深層』中央経済社。

米倉誠一郎（1999）『経営革命の構造』岩波新書。

米倉誠一郎（2002）「経営史学の方法論：逸脱・不規則性・主観−イノベーション研究宣言−」米倉誠一郎（編）『現代経営学講座　2　企業の発展』八千代出版株式会社：1-15。

［欧文］

Abernathy, W.J. (1978) *Productivity Dilemma*, The Johns Hopkins University Press.

Abernathy, W.J., Clark, K.B., and Kantrow, A.M. (1983) *Industrial Renaissance*, Basic Book, Inc.（日本興業銀行産業調査部訳（1984）『インダストリアル・ルネサンス：脱成熟化時代へ』TBSブリタニカ。）

Abernethy, M.A., Bouwens, J., and Van Lent, L. (2004) "Determinants of control system design in divisionalized firms" *The Accounting Review*, 79：545-570.

Anderson, M.C., Banker, R.D., and Janakiraman, S.N. (2003). "Are selling, general, and administrative costs "sticky"?," *Journal of accounting research*, 41：47-63.

Arai, K. (2019) Lean Manufacturing and Performance Measures：Evidence from Japanese Factories. SSRN id：3471020.

Arai, K., Kitada, H., and Oura, K. (2013) "Using Profit Information for Production Management：Evidence form Japanese Factories", *Journal of Accounting & Organizational Change*, 9(4)：408-426.

Asefeso, A. (2014) *Lean Accounting*, 2nd ed., AA Global Sourcing Ltd.

Balakrishnan, R., Labro, E., and Sivaramakrishnan, K. (2011) "Product costs as decision aids：An analysis of alternative approaches (Part 1)" *Accounting Horizons*, 26(1), 1-20.

Balakrishnan, R., Labro, E., and Sivaramakrishnan, K. (2011) "Product costs as decision aids：An analysis of alternative approaches (Part 2)" *Accounting*

Horizons, 26(1), 21-41.

Banker, R.D., Byzalov, D., Ciftci, M., and Mashruwala, R. (2014). "The moderating effect of prior sales changes on asymmetric cost behavior," *Journal of Management Accounting Research*, 26 : 221-242.

Banker, R.D., Byzalov, D., and Plehn-Dujowich, J.M. (2013) "Demand uncertainty and cost behavior," *The Accounting Review*, 89 : 839-865.

Banker, B., and Johnston, H.H. (2007) "Cost and Profit Driver Research" in Chapman, C.S., Hopwood, A.G., and Shields, M.D. ed, *Handbook of Management Accounting Research*, 2 : 531-556.

Banker, R.D., Potter, G., and Schroeder, R.G. (1993) "Reporting Manufacturing Performance Measures to Workers : An Empirical Study", *Journal of Management Accounting Research*, 5 : 33-55.

Blackford, M.G., and Kerr, K.A. (1986) *Business Enterprise in American History*, Houghton Mifflin. (川辺信雄監訳 (1988)『アメリカ経営史』ミネルヴァ書房。)

Bouwens, J., and Van Lent, L. (2007) "Assessing the performance of business unit managers" *Journal of Accounting Research*, 45 : 667-697.

Callen J.L., Morel, M., and Fader, C. (2010) "Productivity Measurement and the Relationship between Plant Performance and JIT Intensity," *Contemporary Accounting Research*, 22 ; 271-309.

Chandler, A.D., Jr. (1962) *Strategy and Structure*, Massachusetts Institute of Technology. (有賀裕子訳 (2004)『組織は戦略に従う』ダイヤモンド社。)

Cooper, R. (1995) *When Lean Enterprises Collide : Competing through Confrontation*, Harvard Business School Press.

Crainer, S. (2000) *The Management Century*, Booz, Allen and Hamilton Inc. (岸本義之・黒岩健一郎訳, 嶋口充輝監訳 (2000)『マネジメントの世紀 : 1901-2000』東洋経済新報社。)

De Zoysa, A., and Herath, S.K. (2007) "Standard costing in Japanese firms" *Industrial Management & Data Systems*, 107(2) : 271-283.

Dunk, A.S. (1993). The effect of budget emphasis and information asymmetry on the relation between budgetary participation and slack. *Accounting review*, 400-410.

Durkheim, E. (1895) *Les Regles De La Method Sociologique*. (佐々木交賢訳（1979）『社会学的方法の規準』学文社。)

Feltham, G., and Xie, J. (1994) "Performance Measure Congruity and Diversity in Multi-Task Principal/Agent Relations", *The Accounting Review*, 69(3)：429 -453.

Foster, G., and Gupta, M. (1990) "Manufacturing overhead cost driver analysis," *Journal of Accounting Economics*, 12：309-337.

Foster, G., and Horngren, C.H. (1988) "Flexible Manufacturing Systems：Cost Management and Cost Accounting Implications", *Journal of Cost Management*, 1998/fall：16-24.

Fullerton R.R., Kennedy, F.A., and Widener, S.K. (2014) "Lean Manufacturing and Firm Performance；The Incremental Contribution of Lean Management Accounting Practices," *Journal of Operations Management*, 32：414-428.

Fullerton, R.R., and Wempe, F.W. (2008) "Lean Manufacturing, Non-Financial Performance Measures, and Financial Performance", *International Journal of Operations & Production Management*, 29(3)：214-240.

Gosselin, M. (2007) "A Review of Activity-Based Costing：Technique, Implementation, and Consequences" in Chapman, C.S., Hopwood, A.G., and Shields, M. D. ed, *Handbook of Management Accounting Research*, 2：641-556.

Hamada, K., and Y. Monden (1989) "Profit Management at Kyocera Corporation：The Amoeba System", in Y. Monden and M. Sakurai ed. *Japanese Management Accounting：A World Class Approach to Profit Management*, Productivity Press, 197-210.

Holmström, B. (1979) "Moral Hazard and Observability," *Bell Journal of Economics*, 10(1)：74-91.

Hounshell, D.A. (1984) *From the American System to Mass Production：1800 -1932*, Johns Hopkins University Press.（和田一夫，金井光太郎，藤原道夫訳（1988）『アメリカン・システムから大量生産へ 1800-1932』名古屋大学出版会。)

Ittner, C.D., and Larcker, D.F. (1995) "Total Quality Management and the Choice of Information and Reward System", *Journal of Accounting Research*, 33：1 -34.

Johnson, H.T. (1986) *A New Approach to Management Accounting History*, Garland Publishing, Inc.

Johnson (1992) *Relevance Regained from top-down control to bottom-up empowerment*, The Free Press.（辻厚生・河田信訳（1994）『米国製造業の復活：「トップダウン・コントロール」から「ボトムアップ・エンパワメント」へ』中央経済社。）

Johnson, H.T., and Kaplan, R.S. (1987) *Relevance Lost : The Rise and Fall of Management Accounting*, Harvard Business School Press.（鳥居宏史訳（1992）『レレバンス・ロスト：管理会計の盛衰』白桃書房。）

Jones, J.J. (1991) "Earnings Management During Import Relief Investigations," *Journal of Accounting Research*, 29 : 193-228.

Kaplan, R.S., and R. Cooper (1998) *Cost and Effect : Using Integrated Cost Systems to Drive Profitability and Performance*, Harvard Business School Press.（櫻井通晴訳（1998）『コスト戦略と業績管理の統合システム』ダイヤモンド社。）

Keating, S.A. (1997) "Determinants of Divisional Performance Evaluation Practices", *Journal of Accounting and Economics*, 24 : 243-273.

Kennedy, F.A., and Widener, S.K. (2008) "A control framework : Insights from evidence on lean accounting," *Management Accounting Research*, 19(4) : 301-323.

Krajewski, L.J., Malhotra, M.K., and Ritzman, L.P. (2016) *Operations Management : Processes and Supply Chains*, 11th ed. Pearson.

Liker, J.K. (2004) *The TOYOTA Way*, The McGraw-Hill Companies, Inc.（稲垣公生訳（2004）『ザ・トヨタウェイ上下』日経BP社。）

Maskell, B.H. (1996) *Making the Numbers Count : The Management Accountant as Change Agent on the World Class Team*, Productivity Press.

Maskell, B.H., and Baggaley, B.L. (2006) "Lean Accounting : What's It All About?" *Target*, 22(1) : 35-43.

Maskell, B.H., Baggaley, B.L., and Grasso, G. (2011) *Practical Lean Accounting : A Proven System for Measuring and Managing the Lean Enterprise*, 2nd ed., Productivity Press.

McVay, G., Kennedy, F., and Fullerton, R. (2013) *Accounting in the Lean Enterprise : Providing Simple, Practical, and Decision-Relevant Information*, Routledge.

Merton, R.K. (1968) *Social Theory and Social Structure*, The Free Press. （金沢実訳（1969）『現代社会学体系 13：マートン社会理論と機能分析』ミネルヴァ書房。）

Mia, L., and Winata, L. (2014). Manufacturing strategy and organisational performance : The role of competition and MAS information. *Journal of Accounting & Organizational Change*, 10(1), 83-115.

Milgrom, P., and J. Roberts (1992) *Economics, Organization and Management*, Prentice Hall, Inc. （奥野正寛・伊藤秀史・今井晴雄・西村理・八木甫訳（1997）『組織の経済学』NTT 出版社。）

Miller, J.G., and Vollman T.E. (1985) "The Hidden Factory" *Harvard Business Review*, 63(5) : 142-150.

Roychowdhury, S. (2006) "Earnings Management Through Real Activities Manipulation," *Journal of Accounting and Economics*, 42 : 335-370.

Scarbough, P., Nanni, Jr., A.J., M. Sakurai (1991) "Japanese management accounting practices and the effects of assembly and process automation," *Management Accounting Research*, 2 : 27-46.

Scapens, R. (1985) *Management Accounting : A Review of Recent Developments*, Macmillan Publisher Ltd. （岡野浩・中嶌道靖訳，石川純治監訳（1992）『管理会計の回顧と展望』白桃書房。）

Scott, W.R. (2006) *Financial Accounting Theory*, 4th ed., Prentice Hall. （太田康広・椎葉淳・西谷順平（2008）『財務会計の理論と実証』中央経済社。）

Taylor, F.W. (1911) *Principles of Scientific Management and Shop Management*, Harper and Row. （上野陽一訳（1969）『科学的管理法』産業能率短期大学。）

Womack, J.P., Roos, D., and Jones, D. (1990) *The Machine That Changed the World*, Perennial. （沢田博訳（1990）『リーン生産方式が，世界の自動車産業をこう変える。』経済界。）

Zimmerman, J.L. (2006) *Accounting for Decision Making and Control*, 5th ed., McGraw-Hill Education.

Zimmerman, J.L. (2019) *Accounting for Decision Making and Control*, 10th ed., McGraw-Hill Education.

索　引

［著者紹介］

新井　康平（あらい　こうへい）

1981年愛知県豊橋市生まれ。2004年慶應義塾大学商学部卒業，2009年神戸大学大学院経営学研究科博士課程修了（博士（経営学）取得），同年甲南大学助教，講師。2012年群馬大学社会情報学部講師，准教授，群馬大学学長特別補佐を経て，2019年大阪府立大学大学院経営学研究科准教授。
2011年から株式会社マネジオメトリクス代表取締役社長（2012年まで）。日本管理会計学会理事。『会計科学』（https://sites.google.com/view/accscijournal）編集委員長。

著書に『販売費及び一般管理費の理論と実証』（編著，2017年），『管理会計研究のフロンティア』（共著，2010年），『インサイト原価計算』（共著，2008年）『インサイト管理会計』（共著，2008年）（いずれも中央経済社）など多数。
Journal of Accounting and Organizational Change, PLoS ONE, International Journal of Training and Development, Journal of Workplace Learning,『会計プログレス』，『原価計算研究』，『管理会計学』，『メルコ管理会計研究』，『會計』などに論文多数。

メルコ学術振興財団研究叢書12
進化する生産管理会計

2020年9月10日　第1版第1刷発行
2021年8月10日　第1版第2刷発行

著　者　新　井　康　平
発行者　山　本　　　継
発行所　㈱中央経済社
発売元　㈱中央経済グループ
　　　　パブリッシング

〒101-0051　東京都千代田区神田神保町1-31-2
電話　03（3293）3371（編集代表）
　　　03（3293）3381（営業代表）
https://www.chuokeizai.co.jp
印刷／昭和情報プロセス㈱
製本／誠　製　本　㈱

© 2020
Printed in Japan

＊頁の「欠落」や「順序違い」などがありましたらお取り替えいたしますので発売元までご送付ください。（送料小社負担）

ISBN978-4-502-35411-3　C3034

メルコ学術振興財団研究叢書

中央経済社